AF390155

ANNALISA GRASSI

EDUCAZIONE
CREATIVA
CONSAPEVOLE

Come Trasformare Le Difficoltà In Uno Strumento Efficace E Vincente Per Vivere La Vita Con Atteggiamento Positivo Attraverso Il Metodo E.C.C.

Titolo

"EDUCAZIONE CREATIVA CONSAPEVOLE"

Autore

Annalisa Grassi

Editore

Bruno Editore

Sito internet

http://www.brunoeditore.it

ATTENZIONE: Tutti i diritti sono riservati a norma di legge. Nessuna parte di questo libro può essere riprodotta con alcun mezzo senza l'autorizzazione scritta dell'Autore e dell'Editore. È espressamente vietato trasmettere ad altri il presente libro, né in formato cartaceo né elettronico, né per denaro né a titolo gratuito. Le strategie riportate in questo libro sono frutto di anni di studi e specializzazioni, quindi non è garantito il raggiungimento dei medesimi risultati di crescita personale o professionale. Il lettore si assume piena responsabilità delle proprie scelte, consapevole dei rischi connessi a qualsiasi forma di esercizio. Il libro ha esclusivamente scopo formativo.

PREMESSA: Tengo a precisare che i messaggi riportati in queste pagine sono frutto di esperienze personali, grazie all' incontro con insegnamenti e modelli che sono stati motivi di ispirazione nel mio percorso, e rispetto ai quali questi miei pensieri sono quindi una trasposizione del mio vissuto sicuramente perfettibile, pertanto alcune idee possono essere riportate in modo non fedele perché questo è il mio personale cammino, ciò che sento, ciò che provo, ciò che sperimento ogni giorno. Quindi non è da intendersi come verità assoluta ma come un mosaico in continuo progresso. Detto ciò ringrazio tutti coloro che hanno contribuito alla stesura di questo testo.

Sommario

Introduzione   pag. 5

Capitolo 1: L'origine della guarigione   pag. 18

Capitolo 2: Come sentirsi felici nonostante tutto   pag. 28

Capitolo 3: La Ri-Nascita   pag. 53

Capitolo 4: Ribaltamento: come ha funzionato per me   pag. 98

Capitolo 5: Il progetto più grande 1 e 2   pag. 113

Conclusione   pag. 216

Ringraziamenti   pag. 221

Principali suggerimenti bibliografici   pag. 224

Introduzione

Se mi metto a pensare come iniziare a scrivere ciò che desidero condividerti, non comincio più. È per questo che ho deciso di scrivere un libro, per portarti la mia esperienza personale, augurandomi che possa essere di ispirazione e strumento utile per produrre miglioramenti in tutti gli ambiti della tua vita.

Andrò a condividere la mia esperienza di vita e a spiegare come applicarla con un metodo, nato dal mio costante desiderio di migliorarmi, perché avendo sperimentato su di me quanto ti andrò ad esporre, questo ha prodotto come risultato la voglia di spingermi a compiere quel passo in più verso la versione migliore di me.

Tutto parte dalla mia nascita sino ad oggi, dove oggi il mio ruolo si è invertito; sono mamma di tre splendidi bambini e grazie a loro nasce l'idea di questo manuale, grazie all'amore che provo per loro e alla possibilità che ho di mettermi tutti i giorni in discussione come genitore, dove responsabilmente sono un esempio e come persona che condivide le proprie esperienze, sento che questa responsabilità mi porta a ricercare risposte utili alle domande che la vita tutti i giorni mi pone.

Partiamo dalla direzione. Perché la direzione? Perché anche tu, come me, ti troverai a rispondere velocemente ai quesiti della vita e ti sarai accorto che non abbiamo avuto il tempo di prepararci ai suoi nuovi ritmi. Se ti soffermi solo un attimo a pensare e torni indietro di qualche anno non troppo lontano, vedrai come dai tempi dei nostri genitori ad oggi, nonostante ci sia una generazione di differenza con i loro genitori, in tutto ciò che veniva fatto sia nel quotidiano che nella vita sociale, li imitavano totalmente, portando risultati stupefacenti nella loro vita e soprattutto questo fare non generava confusione, in quanto importanti e utili riferimenti per il cammino di esperienze veniva condiviso.

Oggi invece se guardi bene la mia, la tua generazione, già negli anni 60/70 come primo impatto era stato segnato un allungo epocale con le generazioni precedenti, quindi un grande distacco con i nonni ovviamente se viventi (ricordiamo che per alcuni di loro sono passate due guerre) e significative differenze con i genitori che hanno spinto la nostra generazione a studiare, a farsi una posizione, una casa, una famiglia. Oggi, invece, nonostante il progresso, ecco il grande divario che vivono i nostri figli con un altro ritmo e un'altra velocità, che corrono sui binari del Frecciarossa, nascono e hanno già il cellulare 3/4/5/G in mano e tutta la tecnologia che ci circonda, tutto questo ancor prima dei nostri figli, accadeva già negli anni 90.

La domanda che mi è sorta in questi ultimi anni è stata: tutto questo benessere è davvero salutare? Come è possibile che i nostri nonni non conoscessero stress mentre oggi i bambini di 3-7-14 anni ricorrono a psicologi, logopedisti ecc.? Ovviamente non sono contraria alle nuove figure professionali nate negli ultimi anni, anzi se utili ed efficaci è bene utilizzarle.

Solo mi chiedo come sia possibile che oggi, momento storico in cui la sfera del benessere dovrebbe avere raggiunto il massimo della sua espressione, ci troviamo invece di fronte ad una realtà dove sempre più persone, bambini, ragazzi debbano ricorrere a qualche specialista perché ci sono evidenti difficoltà che solo 50 anni fa non erano così presenti. Perché? Qual è la direzione che stiamo prendendo? Soprattutto qual è l'obiettivo?

Chiaramente questa non vuole essere una critica agli specialisti, piuttosto vuole essere la base di una riflessione per ricordarci che la generazione dei nostri genitori era autonoma già a 17/21 anni e che non subiva queste problematiche che tra l'altro stiamo facendo passare come normalità.

Purtroppo la nostra generazione e ancor di più quella dei nostri bambini spinti alla velocità con cui andiamo oggi, dove sembra che il tempo abbia subito una accelerata, si troveranno a convivere con la chiara percezione della difficoltà e la sensazione di aver perso l'orientamento, credendo che la sola conoscenza immagazzinata, possa dare una speranza di un futuro migliore, ma questa è pura utopia.

Infatti, i nostri ragazzi non avendo grandi riferimenti se non la famiglia, quando la stessa trova il tempo per dedicarsi, vagano alla ricerca di qualcosa e non capiscono cosa; e noi genitori per poter portare avanti la famiglia, concentrati per lo più al mantenimento, ci troviamo a delegare altre persone per risolvere qualsiasi situazione essa sia, mentre una volta si aveva la certezza che a casa si trovava la mamma come punto di riferimento per tutti. Cosa è accaduto in soli 100 anni? Quali riferimenti si sono persi e quali nuovi modelli ci hanno e ci stanno accompagnando oggi? Tutto questo accade sotto i nostri occhi e spesso siamo o ci sentiamo impotenti davanti a ciò. La mia domanda è più profonda: io come sto in questa situazione? Mi sento integrato in questo nuovo mondo? Come posso migliorarlo? Come posso contribuire? Queste sono state e ancora oggi sono le domande fondamentali che mi hanno permesso di entrare in contatto con risposte più adeguate, partendo dal rapporto con la mia famiglia, dal suo miglioramento, iniziando da me.

Ecco perché il grande desiderio di scrivere un libro: per poter condividere qualcosa in cui puoi ritrovarti e perché no, sperimentare, come ho fatto io, degli strumenti che andremo a vedere insieme, che sono dentro di noi ma purtroppo dimenticati. Non avendo avuto il tempo di prepararci al loro utilizzo, ci troviamo in difficoltà nel capire come fare a nutrire la parte migliore di noi che costantemente ci chiama e ricorda cosa siamo e perché siamo qui, per permetterci di tirare fuori il nostro meglio. Ti sei accorto che la vita ti chiama costantemente? Per fare cosa ti chiama? Per ricordarti che tu sei qui, che sei la sua creatura meravigliosa, luminosa e come tale puoi continuamente trasformarti, migliorarti perché sei capace di portare dentro di te il dono della vita stessa.

Ora entriamo insieme nel vivo su cosa ha fatto davvero la differenza nel mio percorso, su cosa è necessario fare perché la vita vada come si desidera. E vediamo insieme come applicare quelle l'azioni uniche e concrete che ci aiuteranno a fare quella trasformazione da noi desiderata.

Intanto ti dico cosa è stato fondamentale per me, quale azione ha prodotto nell'immediato un risultato. L'azione è stata ed è ancora oggi quella di ascoltarmi. Sì, sembra banale, ma ascoltarmi era una cosa che non ero abituata a fare. Cioè percepire con attenzione come comunico con me stessa le cose, cosa mi racconto maggiormente durante la mia giornata. Questo è stato uno dei passi importanti, per giungere poi a sentire cosa ha da dirmi il mondo fuori.

Ciò che ha fatto davvero la differenza e ancora fa la differenza nella mia vita, è ascoltare come dialogo con me stessa e una volta compreso ciò che mi racconto ho la possibilità di sentire la domanda e la domanda è: come posso trovare una soluzione a

Incontrare questo allenamento mi ha permesso di trasformare, migliorare ciò che ero. Ho visto, grazie all'osservazione, che troppo spesso rimanevo imprigionata da quella situazione perché impreparata ad accoglierla e di conseguenza nella reazione non trovavo risposta; questo mi portava via anche dall'obiettivo iniziale senza trovare una soluzione.

Cosa voglio dire? Che rimanendo focalizzati e utilizzando, questi strumenti ci permetteranno passo dopo passo di capire come trasformare noi stessi e raggiungere quei risultati tanto ambiti perché nell'ascolto nasce la domanda e mi scopro capace di una nuova risposta. In questo meraviglioso viaggio andremo anche a capire il potere, la bellezza della nostra trasformazione, raggiungendo risultati per noi importanti e impareremo a stare con ciò che è davvero importante per noi. Il primo passo che andremo a sperimentare insieme è fermarti. Fermare noi stessi, per percepire con maggiore sensibilità chi sono, il secondo passo è ascoltati.

Come ti dicevo prima, portare attenzione grazie all'osservazione del nostro linguaggio ci permetterà di raccogliere informazioni, poi ascoltare attentamente ci porterà a sentire quanto questo linguaggio possa essere limitante o vincente. Il terzo passo è il silenzio che ci permetterà di non reagire ma di attendere, il quarto passo accogliere la domanda che sorge per darci nuovi punti di vista quindi nuove risposte. La bellezza di questo? Imparare ad esplorarci e capire come funzioniamo per scegliere quale direzione prendere e diventare così la migliore versione di noi stessi.

Sei d'accordo con me che guardando attentamente la tua vita puoi vedere dove metti più spesso le tue energie e dove le privi? Osservando la tua vita nei campi lavoro-famiglia, amicizia-collettività, finanze, spiritualità, salute ecc. ti accorgi velocemente su cosa poggi più spesso la tua attenzione o il tuo sguardo. Andremo insieme anche a capire come possiamo migliorare questo aspetto, perché anche se sembrerà strano non è da sottovalutare il fatto che diamo più valenza a un campo della nostra vita piuttosto che a un altro.

Esempio: quanti di noi sono concentrati prevalentemente sul lavoro? Naturalmente è importante per il mantenimento familiare o personale, tuttavia l'unica cosa che bisognerebbe imparare a capire è quanto davvero posso dare per il lavoro, quindi giusto tempo e attenzione, per non toglierne ad esempio alla famiglia. Oppure quanto tempo dedichiamo alla coltivazione di una relazione con moglie, marito o con i figli? Osservando questo possiamo immediatamente vedere come viene a mancare quell'equilibrio, che distribuito troppo da una parte e troppo poco dall'altra ci fa sentire carenti e insoddisfatti.

Un altro aspetto che sicuramente sentirai importante è: quanto tempo dedichi a te stesso? Penso che questo sia l'aspetto più importante di tutti, perché come detto prima è partendo da noi, ovvero chi sono io, che si può scoprire chi siamo, e partendo da qui vedere ciò che posso divenire, ciò che voglio davvero per me, giungendo a quel miglioramento che sentiamo importante per noi.

Sì, sono certa che sai quanto sei importante per te, solo che desidero condividerti quanto sia determinante non dare per scontato questa conoscenza di se stessi, perché nelle esperienze fatte che poi ti andrò a condividere nei capitoli che verranno, ho imparato che nel momento in cui ho cominciato ad occuparmi di me, inteso come portare su di me l'attenzione, l'osservazione, l'ascolto, mi si è presentata davanti chi è davvero Annalisa.

Questo ha permesso di orientare ciò che ho compreso di me per arrivare a compiere quella azione che davvero mi mette nella condizione di migliorarmi, e vedere come questo miglioramento di me stessa ha prodotto dei risultati che si sono riflessi anche esternamente.

Ora partiamo con la scoperta di ciò che si può divenire partendo da ciò che sono. Anche io ho cominciato così. Nelle mie ricerche ho letto tanti libri, ho fatto corsi, che mi hanno permesso di vedere ciò che sono, partire da ciò che sono per divenire ciò che voglio davvero e poter così condividere con l'altro il mio personale cambiamento. Entrare dentro di me con maggiore profondità e intensità mi ha fatto capire quanto sia importante l'utilizzo degli strumenti presi da quei modelli che manifestano quelle capacità, di raggiungere gli obiettivi da loro desiderati, che se copiati, mi permetteranno di mettermi nella possibilità di imparare dagli stessi perché è solo riconoscendone la loro capacità, senza se e senza ma, che mi scopro anche io capace.

Vediamo insieme il percorso che ci guiderà verso ciò che desideriamo davvero, e ti prometto che farò il possibile per darti tutti gli strumenti da me utilizzati, per produrre quel miglioramento basato su un costante allenamento, questo se tu lo vorrai ti permetterà di godere di una vita migliore.

Dico godere di una vita migliore non perché io debba insegnarti qualcosa o perché tu non stia godendo della tua vita, anzi. Dico questo, perché desidero poter fare dono del valore a te che mi stai leggendo, in modo che anche tu possa sentire e riconoscere questo valore e questi strumenti da poter essere così utilizzati e a tua volta condividerli, in questo modo anche altre persone possono godere di questa possibilità.

Questo è un altro dei miei obiettivi, il mio desiderio più grande, appunto, è vedere che più persone possano incontrare se stesse e possano desiderare con tutto il loro cuore di diventare ciò che vogliono veramente.

Tutto ciò appena descritto possiamo definirla "la possibilità di scoprirmi" che ci permetterà di superare quell'affanno che ci impedisce di andare oltre come descritto nella prima parte della direzione.

Capitolo 1:
L'origine della guarigione

Tutto parte con la mia nascita dove la mia fortuna sono stati mamma e papà che mi hanno dato la possibilità di vivere in un contesto difficile, io sono sola con me stessa e definisco con il termine fortuna questa situazione, perché in tutti questi anni ho imparato, come dicevo prima, che dove risiede la difficoltà, la sofferenza, in realtà esiste la sfida che la vita ti offre per essere vincente. Questo punto di vista, penso, mi abbia salvato la vita.

Mamma e papà erano due persone confuse, mi hanno passato la loro conoscenza riguardo la vita con le proprie capacità, in sostanza mi hanno donato ciò che potevano. Purtroppo, mentre oggi chiamo benedizione quella condizione, in quel momento difficile, dove loro facevano i genitori con le capacità che conoscevano, io così piccolina vivevo grosse difficoltà, perché i miei genitori erano impegnati nelle loro sofferenze e facevano ricadere le stesse su di me. Nonostante tutto questo, ricordo come mi impegnavo ad amarli, per me erano mamma e papà quindi grande punto di riferimento nella mia vita. Infatti per il bambino, mamma e papà sono un modello, di conseguenza nel mio caso li amavo e cercavo amore da loro, per questo ero felice di accogliere ciò che potevano darmi. Inoltre il bambino ha innata questa capacità di adattamento che gli permette di non arrendersi.

A 3 anni circa, io mi ritrovo in collegio così piccola perché mamma ad un certo punto non sapeva con chi lasciarmi e papà (l'ho avuto con me per pochissimo tempo), non sapevo che fine avesse fatto. Ecco che comincia la mia nuova avventura in un nuovo ambiente che ancora oggi ricordo molto bene. C'erano bambini della mia stessa età. La mia giornata si svolgeva insieme a loro e a delle suore. Il momento del pranzo era in un grande salone dove si stava tutti insieme e il momento della nanna si svolgeva in un dormitorio grandissimo.

Il ricordo delle suore è vago, ricordo in particolare una suora che mi coccolava spesso e mi aveva insegnato la preghiera. Devo dire che nel tempo la stessa mi ha accompagnato superando momenti difficili. In tutto questo, perché sono rimasta in collegio 2 anni, mamma mi veniva a trovare e del papà non seppi più nulla.

Un giorno che ricordo molto bene passati due anni, ne avevo cinque, in tutte queste difficoltà, mia madre mi fece una sorpresa e mi venne a prendere con un uomo, il suo nuovo compagno. E lì si sono stravolti di nuovo i miei riferimenti; il mio papà biologico, come dicevo, non sapevo che fine avesse fatto. Scoprii solo a 33 anni che era deceduto, proprio nell'anno 2006 quando nacque la mia prima bimba, senza mai averlo conosciuto bene.

Tornando a quando ero bambina, ecco che inizia questa nuova avventura con mamma e il papà nuovo. Esco dal collegio, mi portano a Milano in una casa piccola, di ringhiera. Il bagno era esterno e mamma senza troppe spiegazioni mi disse: "Ora viviamo qui" ed io da bimba felice, perché avevo 5 anni e adoravo la felicità, dissi: "Wow! Finalmente mamma perché l'importante è che stia con te". Si perché una cosa che mi ha sempre aiutato a superare questi momenti così difficili è stato il mio grande desiderio di poter stare con la mamma qualsiasi condizione fosse e di poter essere felice.

Passa un po' di tempo, un anno circa ed ecco un'altra sorpresa. Mia madre mi regala un meraviglioso fratellino avuto con il papà nuovo, mi prendo subito cura di lui e me ne innamoro immediatamente. Quello che accadde negli anni a venire è che anche questo uomo conosceva poco l'amore, infatti era un uomo molto rigido con regole inflessibili e bisognava rispettarle; immagino si capisca cosa intendo.

Nonostante tutto questo, vado avanti con l'obiettivo di trasformare le cose perché ciò che mi dicevo spesso era "loro sono mamma e papà, il papà è stato scelto dalla mamma sicuramente anche se poco amorevole lo fa perché ci vuole proteggere e purtroppo questo è il suo modo di amare, l'unico che conosce". Si cresce comunque anche nelle sofferenze, ed ecco un'altra sorpresa: un secondo fratellino. Noi andiamo avanti nonostante la situazione. Solo che la situazione diventa davvero complicata che a un certo punto intervengono i servizi sociali e noi rischiamo l'adozione. Io ho 11 anni e di fronte a questa possibilità dove qualcun altro decide per noi, perché mamma e papà in quel momento avevano grosse difficoltà a investire il ruolo di genitori, in quella situazione mi accorgo e intuisco che la separazione produce separazione.

Intervengo come posso con i servizi sociali ed esprimo ciò che penso riguardo la "separazione". Dissi: "mamma ed il nuovo papà devono stare insieme ai propri figli, perché sarete sicuramente d'accordo con me che la separazione produce dolore, divisione e poca motivazione anche riguardo la vita stessa del perché loro dovrebbero fare bene i genitori. Se viene data loro la possibilità di imparare a divenire genitori grazie anche al vostro aiuto, senza togliergli il ruolo ma piuttosto riconoscerlo, andando a migliorare lo stesso, sono certa che si impegnerebbero per dimostrare a loro stessi di esserne capaci".

Questo ciò che sentii fortemente, che condivisi per fare sì che mamma e papà si vedessero ancora una volta nella possibilità di poter amare e crescere i propri figli. Al contrario invece cosa succederebbe? Accadrebbe che loro si sentirebbero dei poco di buono o comunque dei falliti e si lascerebbero andare ancora di più nel buio, tra l'altro già un sentiero che conoscevano bene, perdendo così definitivamente quella motivazione che sono i figli, perché dati a qualche d'un altro migliore di loro. Cosa accade con questa azione? Accade che nella loro testa si rafforza un pensiero, già dentro loro, cioè l'incapacità.

Questo genererebbe in loro come primo passo il lasciarsi andare perché anche se genitori violenti, genitori che hanno difficoltà nel fare ciò che serve per i propri figli, comunque fanno ciò che è possibile fare per noi. Poi quello era il loro modo di amare e con quel modo riuscivano ad avere un motivo per continuare a vivere.

Bisogna assolutamente trovare un'altra soluzione che permetta loro di vedersi ancora capaci di essere genitori e soprattutto bisogna fare in modo, come detto prima, che non venga negato il ruolo, ma anzi, che potesse essere migliorato il ruolo di genitore che avevano. Nel mio cuore sentii profondamente quanto fu importante dichiararmi con la speranza che capissero quanto io e i miei fratelli non potevamo perdere mamma e papà, era diventato vitale per noi saperci tutti insieme come una normale famiglia. Non sembrava vero, venni ascoltata.

Infatti, dopo qualche mese i servizi sociali risposero alla mia richiesta positivamente e dissero a mamma e papà che avevano la possibilità di stare con i propri figli attivando però degli incontri settimanali con psicologi e che per i figli era importante e utile una soluzione temporanea, ovvero io e mio fratello medio saremmo andati in una casa-famiglia in modo che loro potessero dimostrare effettivamente quanto erano in grado di migliorarsi. Invece, mio fratello il più piccolo aveva la possibilità di vivere con loro cosicché i servizi sociali che ci seguivano in questo cammino potevano monitorare i reali sviluppi e miglioramenti, con l'obiettivo finale di rimettere insieme la famiglia.

Devo aggiungere che questa soluzione da bambina piena di speranze mi rese felice perché vidi come tutti si impegnarono in questo obiettivo, mamma, papà, i servizi sociali, gli educatori che per me e mio fratello furono un riferimento molto importante perché grazie a loro vedemmo che c'era un altro modo di vivere la famiglia, soprattutto che il punto centrale della famiglia era vivere con amore, condivisione e armonia anche con ragazzi sconosciuti a noi e noi a loro, con le nostre e le loro storie.

Questo ci ha dato davvero tanto, permettendoci di avere speranza che mamma e papà potessero divenire quei genitori tanto desiderati, che si prendono cura dei propri figli con amore, bellezza, gioia e che potessero anche loro stessi godere del fatto che è possibile divenire ciò che si vuole davvero. Questo il grande desiderio di tutti noi. La felicità di sapere anche che diventava possibile per noi tornare a casa. Perché ho voluto condividerti questo? Soprattutto cosa ha permesso di superare questi momenti difficili durati anni?

Ho condiviso questo con te per ricordarmi e ricordarci che il bambino in realtà è pronto anche in una situazione difficile, solo che quando diventa adulto se non nutrita quella parte in lui, in noi già esistente, ci si dimentica che in realtà siamo stati in grado di superare meravigliosamente quei momenti difficili, perché il bambino ama andare oltre. Oggi devo e tu lo devi a te stesso, ritrovare quella parte e allenarti a coltivarla. Ricordi nella mia esperienza? Quella bambina vedeva quella difficoltà come una possibilità "la sfida". Quindi no negazione, si soluzione.

Ha permesso di superare questi momenti difficili il grande desiderio di vedere che è possibile aggiustare ciò che non va anche in una famiglia così complicata. Ha permesso come dicevo prima, la felicità di una bambina che già credeva nel possibile miglioramento dell'altro, soprattutto l'ha permesso quella bambina che non accettava che mamma e papà potessero essere solo così poco amorevoli e aggressivi. Anzi, quella bambina credeva alla possibilità che l'adulto può sempre, se lo desidera, migliorarsi.

Questo caro lettore mi ha insegnato nel tempo osservando anche i miei figli, che se è possibile vivere in quello stato di felicità da bambini allora è possibile produrre lo stesso risultato da ragazzi e da adulti. Ovviamente non sto dicendo che è semplice, sto dicendo che è un lungo lavoro costante e progressivo da compiere con piccole azioni tutti i giorni. Quali sono queste azioni? La prima azione più importante è cominciare ad avere un pensiero orientato a farti divenire ciò che vuoi davvero per te, partendo dal grande desiderio di migliorarsi perché abbiamo scoperto che è possibile.

RIEPILOGO DEL CAPITOLO 1:

- SEGRETO n. 1: il bambino ha già innato il buonsenso: non interferire.

- SEGRETO n. 2: il bambino ha innato il senso di sopravvivenza non importa il luogo in cui cresce, lui si adatterà.

- SEGRETO n. 3: la famiglia, l'ambiente influiranno sensibilmente sullo sviluppo del bambino, ma se lasciato a se stesso sarà in grado di trovare la sua strada.

- SEGRETO n. 4: appena nato il bambino ha in sé già una grande fiducia nei confronti di mamma e papà, se nutrita avrà fiducia in sé stesso e anche nel mondo.

- SEGRETO n. 5: il bambino non molla mai proprio perché sa che il mondo è qui per accoglierlo e nutrirlo, mamma e papà per primi. Non ha dubbi sul perché è qui, quindi non tradirlo e non deluderlo.

Capitolo 2:
Come sentirsi felici nonostante tutto

Grazie al capitolo precedente dove a grandi linee ti ho condiviso l'inizio della mia storia, chiaro che l'obiettivo non è condividere la sofferenza fine a se stessa, piuttosto condividerti la possibilità di sentire che è possibile nonostante le grandi difficoltà cambiare punto di vista e grazie a questo nuovo punto di vista, capire insieme che esiste la possibilità di incamminarsi verso la vita che vogliamo davvero.

Ora condivido con te un altro passaggio, ovvero, come ho accennato prima, produrre quella capacità di esprimere felicità nonostante qualsiasi forma di sofferenza, perché sono convinta che nonostante la sofferenza, ci sia un'altra possibilità: "cogliere la stessa come qualcosa che la vita vuole portarti in dono per darti la possibilità di metterti in gioco e accogliere la sfida; una volta accolta, ti mette davanti al possibile miglioramento così da dare luce e chiara visione a chi diventerai una volta compiuti i passi che ti sei dettagliato di fare". Questo è ciò che ho interpretato nel mio cammino grazie alle esperienze fatte e che hanno permesso di dare un cambio significativo alla mia vita. Inoltre grazie alla mia curiosità da bambina che esiste sicuramente un altro modo per fare le cose, ho compreso che possiamo mettere in gioco tutti noi stessi per vivere felici, perché la felicità è indipendente dalle circostanze esterne, la stessa dipende solamente da me e dalla mia voglia di ricercarla e viverla.

Nel tempo è migliorata questa mia attitudine grazie anche all'incontro di persone che manifestano questo stato, e osservandole mi sono accorta quanto siano capaci di stare in ascolto con se stesse, percependo cosa il loro mondo interiore ha da raccontare, per migliorarsi e manifestare con il mondo esteriore le loro capacità

Tornando a noi, perché essere felici nonostante tutto? Perché come condiviso precedentemente, una volta arrivata alla vita, la gioia, l'entusiasmo, la bellezza dell'incontro con essa era innata. Già innata, amavo la vita come si presentava, senza giudizio nonostante il dolore. Ogni cosa, ogni evento mi si presentava come possibilità. Chiaro che ora condivido questo da adulta e dopo esperienze fatte durante la mia crescita sembra semplice applicare queste qualità che appartengono al bambino, in ogni caso sapere di poter condividere con te al di là della mia esperienza, mi da gioia perché sento quanto è fondamentale passare dei concetti importanti in questo libro, che possono essere utilizzati anche da te.

Il bambino anche in una condizione difficile, è già pronto; quindi l'obiettivo è ricordarsi ciò che sono stato da bambino per poter nutrire quella parte, la più bella che abbiamo e portare finalmente la nostra vita ad un livello di capacità che ci porti a tornare curiosi, con la voglia di imparare nonostante le difficoltà, come quel bambino che prima di essere adulto godeva della possibilità di farcela, mentre oggi che è adulto, purtroppo delle tante esperienze fatte riconosce solo e troppo spesso il dolore e la paura di fallire.

Mi ricordo tanti episodi, di quando ero bambina, uno in particolare che voglio condividerti e che mi rese felice fu quando mia madre, avuto un momento di lucidità, si accorse che non era felice della vita che conduceva e rivolgendosi a me, chiese: "Lisa (era il suo modo affettivo di chiamarmi), come fai ad essere sempre felice? Aggiunse sai perché ti chiedo questo? Perché vedi non credo di essere una buona madre, a te e i tuoi fratelli procuro pochi momenti di gioia".

Quando mi disse questo, io mi sentii grata e felice di questa sua condivisione, mi fece balzare il cuore e ricordo che le risposi con tanto amore: "mamma non preoccuparti per noi, tu come stai? Hai momenti di gioia? Mamma ti dico questo perché posso assicurarti che io e i miei fratelli ti vogliamo molto bene e sappiamo nel nostro cuore che anche tu ce ne vuoi, quindi proprio perché sei la nostra mamma siamo felici, se poi riesci ad essere felice anche tu, la nostra gioia si moltiplica istantaneamente". Ricordo che mia madre mi guardò, mi abbracciò e mi disse: "chissà se sarò mai in grado un giorno di essere felice e condividere la felicità".

Un ricordo che mi porto ancora dentro dopo 35 anni da questa condivisione, allora avevo 11 anni, è che sentii una forza irrefrenabile dentro me che mi disse: "mi spiace per la mia mamma e non so come aiutarla, comunque io sono e voglio rimanere felice di quella felicità che pervade tutto il mio essere, le mie cellule tanto da poterla, nonostante tutto, condividere con lei, il mio papà ed i miei fratelli per fare sì che anche loro potessero attingere da me e godere di questa felicità, perché quello stato che sentivo dentro mi donava forza per andare avanti".

Sentii un altro balzo nel cuore, era sempre quella forza che mi diceva che "nulla avrebbe permesso di togliermi quella capacità di essere felice nonostante tutto". Inoltre questa voce, che chiamerei guida, mi ricordava tutti i giorni che per mantenere questo stato, era necessario dire a me stessa: "No, non voglio vivere quello stato di infelicità che purtroppo i miei genitori vivono spesso, io questo non lo voglio". Non era un rifiuto verso i miei genitori piuttosto il significato di questa frase era aver riconosciuto il dolore, l'infelicità che non faceva stare bene loro e di conseguenza noi, visto che questo era il risultato, cioè dolore, avevo intuito che dovevo star lontano da esso per non dargli forza e quindi nutrirlo.

Oggi capisco anche che questa è stata la mia salvezza e che quando la mia mamma mi fece la domanda era perché aveva sentito con tutta se stessa che dentro me regnava una differenza; quella differenza era il mio atteggiamento. Allora ho capito, nel tempo, che se volevo qualcosa di diverso nella mia vita io per prima dovevo essere quella differenza, e mia madre fu per me, questo lo capisco solo ora, l'immagine chiara di ciò che non avrei voluto essere e allo stesso tempo oggi più di ieri ho compreso che è stata la mia benedizione, perché capisco e sento che il mio passaggio tramite lei mi ha resa più veloce.

Avevo dei riferimenti e modelli forti da lasciare andare e non copiare, quindi tanta gratitudine. La mia mamma mi ha permesso di partire a un altro livello permettendomi di fare tutto il meglio che fosse meglio di ciò che lei mi stava trasmettendo.

Detto ciò vidi e sentii come durante la mia crescita, si fanno esperienze anche nel mondo esterno oltre quello familiare. I condizionamenti negativi della famiglia non mancavano e si aggiunsero anche i condizionamenti della vita esteriore, dove vengo colpita bruscamente dagli insuccessi e gli stessi mi fecero ammalare seriamente. Cosa mi salvò ancora una volta? La mia voglia di vivere, che è sempre stata e lo è ancora oggi, più forte del mio lasciarmi andare. Ecco che mi scopro capace di superare anche questo momento difficile.

Di cosa sto parlando? Di un malessere importante che andò a modificare la mia voglia di essere felice. Il malessere di cui parlo era una forma di epilessia che cominciò intorno ai 12 anni con episodi avvenuti anche prima, solo che erano più leggeri e quindi non erano riusciti a definire la forma di malattia.

Verso i 12 anni la definirono una forma di epilessia di carattere emozionale, questo perché le mie cadute erano diventate più frequenti, dipese dalla mia condizione familiare che non ero più in grado di gestire. Peccato che per quella forma generica ed emotiva mi diedero dei medicinali pesanti che non furono in grado di aiutarmi, anzi mi spensero per un lungo periodo di ben 5 anni.

Non voglio dire che non fossero utili. L'unica cosa, sentivo dentro me, che avendo consapevolizzato quanto fossi malata stavo perdendo le speranze di pensare che potessi farcela anche questa volta. Cosa intendo? Intendo che mi vedevo grazie alla mia forza interiore (io la chiamo così), capace di gestire e fare le cose, andare a scuola, frequentare amici, vivere in comunità, fare sport, incontrare nei weekend mamma e papà ecc.

Solo lo facevo con grande fatica e mi sentivo spenta, vedevo la vitalità, la felicità di Annalisa come fosse stata messa in un angolo e sentivo che la vita stava diventando poco interessante, spesso mi mettevo a dormire per recuperare le energie e inoltre mi chiudevo in me stessa perché cominciavo a pensare che tanto nessuno potesse essere interessato a me in quello stato. Questo ovviamente non mi ha portato nemmeno risultati positivi per quello che riguardava la scuola, lo sport, gli amici ecc. Infatti oltre vivermi questa forma di sconfitta personale, perché sono malata, ecco che vivo anche gli insuccessi, non dipesi da me; purtroppo tutto ciò non mi diede forza nonostante desideravo con tutto il cuore di farcela.

Poi finalmente negli anni successivi intorno ai 17 sentivo con le poche forze che avevo, che questo modo di vivere non mi interessava. Dove era finita Annalisa con la sua voglia di vivere, portare gioia, felicità e soluzioni? Per se stessa e per la sua famiglia? Bene, ancora una volta Annalisa decide di dare uno stop, sì anche ai medici.

Parlai con mamma e papà, con gli educatori e spiegai: "Così non ci sto più! Io da ora non prendo più queste medicine e via. Le butto via". Si presi le medicine e le buttai schiacciandole sotto i piedi. Perché ti dico anche questo? Perché quell'azione fece la grande differenza nella mia vita. Il mio meraviglioso cervello aveva ricevuto un'indicazione precisa che permise di accoglierla e di metterla in atto. Ecco che comincio con maggiore forza ancora una volta ad entrare in contatto con il linguaggio interiore (cosa ti racconti e come ti dici le cose per raggiungere ciò che desideri davvero).

Ovviamente, questo atteggiamento interiore sconvolse il mondo esteriore perché gli adulti di fronte a questa decisione non ebbero immediatamente una risposta positiva. Solo che la mia decisione fu più potente di ogni risposta che l'adulto in quella situazione potesse darmi, dove decido che non ci sto più e finalmente anche in questa situazione ebbi successo, perché mamma, papà con tutte le loro difficoltà avevano capito la mia richiesta, soprattutto avevano capito per quanto mi stavo consumando che forse quella strada non mi faceva così bene.

Per gli educatori e i servizi sociali fu la stessa cosa, insieme decisero di sostenermi in questa decisione prendendosi la responsabilità per un anno, (perché io ero ancora minorenne e a 17 anni le decisioni ovviamente non potevo ancora prenderle).

Pensate, addirittura promisi che in quell'anno non mi sarebbe successo nulla perché con tutto il mio essere e il mio cuore avevo deciso e dato un chiaro comando al mio cervello, che doveva a tutti i costi funzionare bene, non credersi malato, perché straordinario e non poteva mollare e guarda un po' torniamo al potere delle parole, della forza con cui comunichi con te stesso e l'amore che ci metti in quelle parole da dare forza a ciò che ti dici.

Con questo ovviamente voglio dirti che non bisogna escludere la medicina, i medici e il loro meraviglioso lavoro che svolgono con l'intento di aiutare e salvare vite, voglio solamente passarti che prima di tutto tu sei l'artefice di cosa è utile per te. È su questo che diventa necessario lavorare, perché entrando in contatto con te stesso, cercando di capire cosa davvero vuoi per te e cosa davvero ti fa bene, allora come risultato avrai quello di decidere tu per la tua vita come nel mio caso con i servizi sociali e con i medici, da poter comunicare bene con loro il tuo stato in modo che possano esercitare al meglio i loro saperi e le loro straordinarie competenze.

Questo permette di sentire con più chiarezza e consapevolezza del perché di quella possibile soluzione. In questo modo potrai sentire con maggiore certezza che sì l'altro può aiutarti a farti stare meglio, ma la vera decisione di questa scelta è la tua, condivisa con chi può esserti d'aiuto in quel momento. "Chiedo aiuto ma non do la responsabilità a chi mi aiuta, perché io divento colui che decide e mi faccio sostenere da colui che può sostenermi". Quindi sì aiuto, no delega.

Adesso ti condivido alcuni passaggi che mi hanno permesso a 17 anni e ancora prima di raggiungere i risultati appena condivisi e vediamo come possono aiutarci a raggiungere ciò che vogliamo. Come posso fermarmi per ascoltare me stesso e riuscire ad utilizzare ciò che funziona? Condivido con te come è possibile creare un nuovo modello di pensiero grazie alle parole, che trasformate rendono migliore il linguaggio, facendoci divenire migliori.

Questo è ciò che accade quando riconosci dentro di te come quelle parole non sono utili al fine di ciò che vuoi davvero e senti quanto è importante trasformare le stesse. Ora decido che questa frase la trasformo in una frase potenziante che mi permette di iniziare a compiere ciò che è utile e non fermarmi. Ti è mai successo? Sei riuscito a sentire questa forza che vuole un cambiamento? Che ti mette nella possibilità di poter fare esattamente ciò che senti? Perché sto parlando proprio di questo, cominciare a parlare con se stessi in modo costruttivo, creativo, da cambiare punto di vista e soprattutto vederti nella capacità.

Perché parlo di linguaggio? Di ascolto? Semplicemente perché anche tu che mi stai leggendo avrai avuto modo di incontrarti, di vederti, di sentirti e grazie a questo avrai sperimentato la bellezza del vivere e non farti fermare dai limiti imposti dai meravigliosi regali fatti da mamma, papà, amici, nonni il mondo insomma che non ti chiedono nemmeno se sei d'accordo nel riceverli o se ti piacciono.

Chiamo regali i doni che ci fanno i nostri genitori, la nostra famiglia, proprio perché loro sentono che questo è tutto ciò che possono darti. Ricordiamoci anche, che questi doni ti vengono fatti senza chiedere il permesso o cosa ne pensi, proprio perché è il loro modo di amare, e di proteggere. Nel tempo ho imparato che chi ti consiglia con il proprio limite in realtà lo fa perché quello è ciò che conosce ed è l'unico modo a sua disposizione, soprattutto quello è il suo modo di amare. Nel mio caso per esempio, la malattia è stata superata dalla forza del mio dialogo interno. Nessuno credeva nella possibilità della mia guarigione, questo ha dato potere alla mia decisione, confermando nel tempo che è possibile. Io non soffro più di epilessia da quella decisione presa 30 anni fa.

La mia guarigione è avvenuta perché nonostante la mia famiglia fosse convinta che quello era l'unico modo per salvarmi e proteggermi, io ho testimoniato che poteva esserci un altro modo. Così insieme abbiamo potuto fare esperienza di un'altra strada da portarci, nonostante le paure perché poco conosciuta, a percorrerla, incontrando passo dopo passo gli ostacoli superandoli con le azioni di spingersi più in là e avere fiducia in questo meraviglioso corpo che è in grado naturalmente di riprogrammare i suoi processi, per farci giungere verso la possibile guarigione.

I medici erano comunque per noi riferimento se qualcosa fosse andata storta. Io non prendevo più medicine, facevo una vita normale come tutti i miei coetanei e i controlli per capire se ci fossero delle anomalie o disequilibri in questa decisione che si viveva attimo dopo attimo e giorno dopo giorno.

Cosa è successo? Sembrerà banale, cito una frase di Henry Ford che mi ha colpito e mi colpisce ancora tantissimo, lui diceva che: "se ti racconti che ce la fai, hai ragione. Se ti racconti che non ce la fai, hai ragione". In ogni caso hai ragione, capisci? Riesci a comprendere quanto sia importante dirti, narrarti ciò che davvero vuoi per te? Nel mio caso era chiaro: non voglio stare male.

Nel tuo caso potrebbe essere altro, l'importante è che entri in contatto con la parte migliore di te e profondamente, intimamente ti dici cosa è essenziale. Ecco, quello che ti chiedo è di ritrovare te stesso in tutti quei momenti dove hai sentito di essere vincente, performante, dove nulla ti avrebbe impedito di andare avanti per il tuo obiettivo. Fai rinascere quei momenti e accogli ciò che dentro te ti racconta con forza: "Io voglio con tutte le mie forze far sì che la mia vita diventi ciò che desidero e sento davvero utile per me".

Sono certa che ti è successo, quante volte hai sentito o pensato a qualcosa che desideravi fare, poi l'hai fatta e ti sei stupito di quanto ne sei stato capace? E quante volte hai sentito dire da altri "si va bene, colpo di fortuna", oppure "si dai ok, ma è un caso, poi è perché tu sei fatto così ecc." e per queste risposte ti sei arreso? Perché? Perché abbiamo poca fiducia in noi stessi? Io ti parlo di questo.

Ritrova quei momenti, ricercali con forza perché in realtà in quel momento che hai vissuto il risultato non è dipeso dal caso o dalla fortuna, è avvenuto grazie a quelle azioni che hanno fatto la differenza. È dipeso proprio da come ti sei raccontato le cose, da come te le sei prefigurate, cioè avere visto prima quale linguaggio utilizzare per te, e quali azioni da compiere per raggiungere il risultato voluto.

E questo, come ti dicevo prima, accade a qualsiasi età, da bambino, adolescente, ragazzo adulto, perché non si parla solo di fortuna, qui si parla di non dimenticarci quanto siamo importanti per questa vita che ci accoglie dandoci in dono tutti gli strumenti, per manifestare ciò che davvero vogliamo essere per noi stessi, per chi vive intorno a noi e per chi incontriamo quotidianamente.

Ad esempio, rivediamoci quando eravamo bambini perché nonostante tutto riuscivamo ad essere felici e curiosi per ogni cosa che la vita ci offriva? Questa capacità del bambino dobbiamo assolutamente ritrovarla e rivivere la gioia, la bellezza di essere felici.

Cosa voglio dire? Desidero portarti a ricordare quando eri bambino. Ti ricordi? Torna un po' indietro dove per te non esisteva "lo faccio dopo", per te era adesso "lo faccio ora", ti vivevi il momento. Ecco, è di quei momenti che parlo. Dei momenti che sei rimasto focalizzato e hai sentito quanto era importante per te raggiungere l'obiettivo.

A 5, 10, 20, 30, 40 anni? Quando ti sei sentito forte, vincente? Rivediti come in un film e senti che è possibile ripetere quei momenti, senti che trasformare la frase dal "è difficile per me all'io posso farlo" ha un suono, una melodia che ti pervade ti nutre, le parole ti accorgi che nutrono il nostro cervello? Lo abbiamo detto prima e lui con amore ci restituisce ciò che gli chiediamo; questo ti fa sentire e vedere con chiarezza che davvero per te è possibile.

Ora vediamo insieme grazie a un altro esempio come essere felici nonostante tutto. Mi piace chiamare esempio perché sicuramente anche tu come me hai avuto momenti importanti che hanno segnato la tua vita facendoti vedere con chiarezza come è possibile essere felice nonostante i momenti di grossa difficoltà.

Quando ero bambina, come descrivo nel primo capitolo, la felicità nonostante la situazione che vivevo mi pervadeva. In un momento fondamentale della mia vita, come la vita di tutti i bambini dovevo fare la prima comunione e a questo evento non ero preparata perché non avevo chiara la motivazione e anche mamma e papà non erano preparati.

Ricordo ancora oggi con molta gioia e questo mi fa ancora sorridere, quando ci penso, che per la comunione non avevo nulla, vestiti, scarpe, l'acconciatura, la torta, le bomboniere ecc. Proprio nulla. E lascio immaginare come stavo in quel momento anche se ero felice di incontrare Gesù, unica cosa non sapevo come incontrarlo. Pensa la mia convinzione fu che quel giorno speciale avrei incontrato Gesù. Che meraviglia. Dico meraviglia perché tutti i giorni mi stupisco e affascino della bellezza del bambino. Se imparassimo a gioire come il bambino, quanto migliorerebbe la nostra vita.

Allora mi dissi: "prendo i vestiti più belli che ho" jeans, maglietta bianca e un copri spalle blu, scarpe da ginnastica che pulisco, mi raccolgo i capelli e cerco una collana per dare un tocco alla maglietta. Ecco che nel mio cuore sento un'infinita gioia perché sono certa che Gesù sarà felice di incontrarmi nonostante non avessi l'abito più bello per il nostro appuntamento. Quindi quando avverrà il momento magico, i nostri cuori esulteranno di gioia.

Vedi la capacità del bambino? Come resta nella soluzione? Tutto questo grazie, appunto, alla mente di una bambina che con la sua immaginazione pensa alla bellezza di questo incontro e soprattutto, sa che la felicità è indipendente dalle circostanze. Sì, i bambini hanno questa straordinaria capacità di essere innamorati della vita anche nelle difficoltà più importanti.

Cosa succede? Il giorno della comunione? Una vicina di casa, mamma di una mia cara amica, arriva con un dono: l'abito più bello, tutto bianco, lungo, con le perline e un fiocco enorme dietro la schiena, una coroncina per i capelli e delle scarpe bianche perlate modello ballerina. Io sgrano gli occhi esplodo in un'emozione di gioia immensa e dico "grazie signora Maria, lei è un angelo, Gesù l'ha mandata da me perché vuole vedermi bellissima in questo giorno speciale e l'ha fatto tramite lei". Mi raccoglie i capelli, mi veste ed eccomi pronta e felice di incontrare Gesù e tutti coloro che lo seguono con amore.

Condivido questo con te caro lettore, perché sono certa, che avrai incontrato anche tu persone speciali nella tua vita, almeno una volta. Questo sicuramente ti ha fatto provare un'emozione meravigliosa di felicità che ha riempito il tuo cuore di gioia, tanto da esultare per quel momento e per quelle persone venute in soccorso.

Io, tu, noi, possiamo trasformare quelle difficoltà in possibilità. Qui torniamo all'importanza del linguaggio interiore. In quella situazione sicuramente sarai stato grato alla vita, da desiderare di condividere il tuo stato di felicità per il dono ricevuto da sentire il grande desiderio di partecipare, così da poter rendere felice un'altra persona che possa o abbia avuto il tuo stesso bisogno.

Già, perché grazie all'esperienza fatta comprendiamo con maggiore consapevolezza che anche l'altro vive le tue stesse difficoltà, una volta riconosciute abbiamo la possibilità di superarle. A questo punto abbiamo anche la possibilità di condividere il come sono state superate.

Tutto questo indipendentemente dalla condizione esteriore esempio: non ho l'abito, ok io mi preparo al meglio e mi faccio trovare pronta, io sono pronta ed ecco che arriva in aiuto la vita, perché nel resistere alla sconfitta - non ho l'abito come faccio - resto con l'obiettivo e ciò che serve si manifesta grazie a qualcuno che si accorge del tuo bisogno. Ripeto, anche qui non si tratta di fortuna, piuttosto del desiderio di portare avanti ciò che deve essere fatto senza esitazioni nonostante tutto: "Alza gli occhi al cielo da dove verrà l'aiuto". Chiaro che questo accade nel bambino molto più facilmente, fino a quando non interiorizza con maggiore certezza una volta adulto, che il dolore c'è, esiste e fa male.

Il compito dell'adulto una volta grande è di riconoscere il dolore, non farsi colpire e lavorare per una soluzione che produca continuità nell'essere felici, perché nulla può impedire di vivere costantemente in uno stato di felicità. Difficilmente tutto questo può accadere se non viene nutrita la parte migliore del bambino fino all'età adulta, è importante occuparsi di questa parte perché lei è li ad attenderci per sviluppare insieme a noi maggiore capacità. Se non viene fatto questo lavoro cosa accade? Accade che una volta grande quando oramai siamo entrati in quel circolo di pensiero sabotante dove crediamo che la grande capacità del bambino sia diventata impossibile per noi, ecco che entriamo in quella dimensione dove impariamo che da grandi non puoi più essere come il bambino.

Ovvio poi, che una volta grandi le responsabilità diventano maggiori e quindi è necessario produrre uno sforzo maggiore, per riuscire ad incontrare la vita e la sua richiesta e per raggiungere quei risultati meravigliosi che il bambino raggiunge. Egli guarda come superare l'ostacolo, perché riconosciuto come tale e quindi gli ostacoli si superano, e non come l'adulto che troppo spesso guarda l'ostacolo come impedimento da parte della vita, quindi sicuramente la vita ce l'ha con me (adulto) ed ecco che mi paralizzo e questo accade anche perché non sono più allenato a trovare una soluzione perché ho dimenticato come si fa.

Ti ritrovi in questo? Vedi che torniamo al linguaggio? Alla capacità che si aveva da bambini? Il bambino prima di diventare adolescente quante sconfitte incontra e supera grazie all'energia che lo abita? Nonostante ciò va avanti, perché poi una volta grandi tutto si trasforma tanto da farci arrendere?

Questo è successo anche a me, visto poi cosa ha portato ad arrendermi ho capito che era vitale e importante ritrovare quel luogo, quella bambina che nonostante tutto mi aiutava a trovare la soluzione in quel momento. Tanto, guarda, la vita ci mette costantemente alla prova e ci metterà sempre nella condizione di allenarci a superare gli ostacoli e a imparare dagli stessi, perché questo tempo, spazio dove noi viviamo oggi, in realtà è il luogo dell'allenamento, una palestra, quindi la prima cosa che ho voluto imparare è accogliere questo luogo, darmi la possibilità di allenarmi sentire la bellezza del mio miglioramento.

Perché insisto su questo? Perché la grande differenza nella mia vita è stata quando io ho cambiato posizione nei suoi confronti guardandomi dentro, scoprendo giorno dopo giorno quanto lavoro c'è da fare e quanto sono fortunata nel sapere che posso perseguirlo, senza aspettarmi che la vita faccia qualcosa per me.

Sai, il compito della vita, come dicevo prima, è quello di metterti nella condizione di allenarti. Il mio, il tuo compito è quello di rispondere positivamente all'allenamento e soprattutto partecipare ad esso. Partecipare è un altro strumento che nelle prossime pagine incontrerai dove il significato importante è esserne parte. Capisci bene che questo sottolinea che è necessario contribuire a questo dono, che è la vita, facendo la nostra parte.

Tutto questo caro lettore, appena condiviso nel tempo, mi ha portato (nonostante le cadute poi ti rialzi), a fare in modo di ricordarmi che partecipare produce uno stato interiore di felicità e la felicità è Annalisa, quella bambina che per nessun motivo al mondo si sarebbe fatta negare da se stessa e dalle circostanze esterne questo stato, perché è un valore che permette di migliorarsi attimo dopo attimo. Cit. *Io non perdo mai. O vinco o imparo* (Nelson Mandela)

RIEPILOGO DEL CAPITOLO 2:

- SEGRETO n. 1: non importa da dove arriva il dono, il bambino è grato alla vita sempre. Ciò che ti racconti farà la differenza, il bambino naturalmente è capace di fare questo.

- SEGRETO n. 2: non diciamo al bambino cosa è giusto o sbagliato. Facciamo in modo che questa o quella esperienza sia per lui motivo di crescita. Il nostro unico intervento è osservarlo nell'esperienza che lui fa e vedere quanto lui ha imparato dalla esperienza stessa. Da adulto sarà in grado di creare il suo linguaggio interiore come faceva da bambino.

- SEGRETO n. 3: il bambino è già leader di se stesso, in quanto è in grado di mantenere il focus sul suo vero obiettivo. In più ha in sé la capacità di accogliere ciò che la vita ha da offrirgli. Noi possiamo mettere a disposizione gli strumenti a noi conosciuti ed osservare come lui si approccia con essi.

- SEGRETO n. 4: la bellezza del bambino è la sua capacità di volere sperimentare la vita, il nostro compito è quello di accompagnarlo nel cammino senza interferire. Piuttosto osservare il suo agire per capire e vedere che poi farà la cosa utile per lui.

- SEGRETO n. 5: diventiamo per lui guida a cui dare massima fiducia e il bambino da grande non ci tradirà, deluderà, perché nel suo percorso sin da piccolo non è stato tradito o deluso.

- SEGRETO n. 5: diventiamo per lui guida a cui dare

Capitolo 3:
La Ri-Nascita

La Ri-Nascita

Adesso parliamo della rinascita. Ti sei chiesto perché è da un po' che insisto su come narrarsi le cose? A questa domandane nasce un'altra, quale è quella azione che permette di migliorarmi in relazione a me stesso e all'altro?

Intanto ti dico che ho chiamato così questo capitolo perché nel tempo crescendo, grazie anche alle mie ricerche costanti e soprattutto alla domanda "è tutto qui"? ho avuto la possibilità di incontrare una persona che definirei "colui che mette in ordine le idee".

Cosa intendo con mettere in ordine le idee? Intendo che grazie al suo costante allenamento e grazie al suo grande scopo che è raggiungere più persone per aiutarle a migliorarsi, trasmette questa straordinaria capacità e nel trasmetterla produce costante miglioramento per se stesso e per l'altro, da riuscire a superare quella nebbia presente dinnanzi ai nostri occhi oggi più di ieri, perché come dicevamo all'inizio dei capitoli, si viaggia a una velocità dove si fa fatica a stare allo stesso ritmo.

Mi permetto di condividerti un modello perché diventa importante per noi trovare un riferimento e diventare a nostra volta riferimento per l'altro. Questo ci evidenzia l'importanza di lavorare sulle complessità e trasformarle in possibilità.

Tornando alla persona menzionata ti condivido che ogni volta che lo incontro e lo ascolto e poi applico ciò che lui dice, mi fa vedere con chiarezza e maggiore lucidità su cosa ancora posso lavorare meglio. Nel tempo ha anche confermato quanto da bambina nonostante le difficoltà sia stata in grado di fare ciò che serviva in quel momento, senza occuparmi del momento dopo o rimanere sofferente nel momento passato. Che meraviglia il bambino, quindi ripeto sono cose che nel nostro mondo interiore esistono già.

Di chi sto parlando? Di una guida, di un mentore che ha portato avanti sin da bambino questa capacità allenandola e nutrendola costantemente, ancora oggi condivide con me e con chi lo incontra la possibilità del costante allenamento per giungere verso il miglioramento. Lui condivide con tutti noi il suo processo di crescita perché diventa per se stesso allenamento grazie al donarsi e al dedicarsi all'altro, mettendolo nella condizione di nutrire per essere sostenuto. Questo suo modo di fare mi ha portato a comprendere l'importanza di una legge naturale della vita, cioè noi viviamo nel costante mondo dei cosmi; c'è un cosmo maggiore che ha il compito di nutrire e un cosmo minore che ha il compito di sostenere e questo vale per tutte le cose che fanno parte di questa meravigliosa possibilità che è la vita. Un esempio su tutti è la relazione genitore-figlio.

A sua volta il cosmo minore diventa maggiore per un altro cosmo minore quindi nutre e viene sostenuto scoprendo poi che l'obiettivo centrale diventa creare un insieme di persone che collaborano uno con l'altro, riconoscendo la propria posizione senza sentirsi inferiore o superiore; come è inteso oggi il significato che diamo a queste parole. Quindi, capita la tua posizione, sai di poter interagire con l'altro, riconoscere il proprio posto e partire da questo punto per nutrire e per essere sostenuto.

Applicando concretamente questi strumenti e accolti, grazie all'osservazione, all'ascolto, al silenzio e alla domanda che si presenta, ho potuto e continuo a vedere come le mie credenze, le mie convinzioni, i miei stessi pensieri, possono migliorare per accorgermi, che gli stessi agiscono positivamente sulla mia vita e sulla vita di chi mi sta vicino. Prima di entrare nel dettaglio anche se ho fatto un accenno importante, su quanto negli anni questo incontro mi abbia cambiato la vita, condivido con te la prima rinascita che mi ha permesso di raggiungere una certa tranquillità da non essere più soggetta a sofferenze così grandi, come nell'esperienza fatta da bambina.

L'incontro è stato con un uomo nel 1994 circa, dopo 6 anni da questo incontro è diventato mio marito, un uomo di cui mi ero innamorata e sentivo che mi avrebbe aiutato a dare una svolta alla mia vita. Infatti avevo trovato in lui stabilità, affermazione, consolidamento. Da qui la possibilità di vivere la vita che tanto desideravo, una vita tranquilla dove non si era concentrati sul sopravvivere alla sofferenza e dolore come ero abituata, piuttosto sul costruire una vita che tanto desideravo.

Nel tempo mi sono accorta che raggiunto questo traguardo di tranquillità apparente, mi ha portato a una specie di assopimento interiore, nonostante questa sensazione, nel mondo esteriore avevamo e avevo raggiunto risultati importanti. Primo passo il lavoro stabile, la stabilità per me era il punto di partenza considerando da dove arrivavo e l'incertezza regnava sovrana; secondo passo la casa, terzo passo i figli. Finalmente avevo trovato insieme a lui la mia dimensione la dimensione perfetta, di una famiglia modello come tutti sogniamo di vivere.

Come accennato prima questo sogno realizzato della famiglia perfetta è andato via via a svanire e la prima percezione avuta guardando la forma metodica che aveva preso la nostra vita, è stata accorgerci che non ci sentivamo più così innamorati, anche se non ne avevamo colto immediatamente la motivazione. Tutto questo ci ha portato ad osservarci e a chiederci cosa stava accadendo.

Grazie all'osservazione sono nate le domande, queste hanno permesso di muoverci verso una possibile soluzione a ciò che stava accadendo e cioè noi due non abbiamo più chiarala motivazione del nostro stare insieme. Cosa accade? Accade che scopriamo come l'equilibrio di coppia non c'è più, ed entrando ancora più intimamente dentro noi, arriva la risposta che ci segnala la presenza del limite. Il limite è la convinzione di essere innamorati, ma i fatti ci dicevano chiaramente che non era più così, accorgendoci che il nostro stare insieme dipendeva appunto dal limite stesso: ovvero "la convinzione che siamo una famiglia e i nostri bambini non possono assolutamente vivere, subire, questo dolore". Di quale dolore sto parlando? Del dolore di una separazione, superamento del limite, paura di fare male ai bambini.

Questo ci impediva di stare nella verità con noi stessi e con i nostri figli e inoltre avevamo scoperto la difficoltà di dichiararci che non stava funzionando, ma soprattutto la paura di condividere con noi stessi e con i nostri figli la chiara evidenza che io e papà non ci amavamo più. Ecco che sentiamo la necessità di dire prima a noi stessi la verità e poi condividerla coi nostri figli. Da qui parte la nuova possibilità di cominciare a vivere una nuova dimensione; la dimensione della Verità che ricordi? La verità rende liberi.

Ciò che ho appena descritto lo chiamo limite perché finché non lo vedo, non lo sento, io non l'incontro e di conseguenza non posso superarlo, migliorarlo. Quante volte ti è capitato di portare avanti un progetto qualsiasi esso sia famiglia, lavoro, finanze e per paura di distruggere qualcosa che hai già sentito non funzionare lasci le cose come sono, per accorgerti poi che quella situazione è da riprendere tra le mani e rielaborarla prendendoti la responsabilità del tuo agire, stando nella verità con te stesso e con l'altro?

E quando hai compiuto quella azione, che ha fatto davvero la differenza nella tua vita, hai sentito una trasformazione? Un cambio? Un'energia nuova che ha cominciato ad abitarti facendoti sentire forte? Determinato? Senti con maggiore chiarezza che avendo preso una nuova posizione, la posizione della verità stai facendo il bene per te e anche per l'altro? E quante volte invece hai comunque portato avanti il progetto e ti sei accorto che era utile interromperlo, non l'hai fatto e ti sei detto "se avessi fatto quella azione oggi forse questo progetto sarebbe diverso se non addirittura nuovo"?

È di questo che parlo, perciò ti invito a dire basta, a smetterla di avere paura, nonostante la stessa regni sovrana perché non siamo abituati a superare il limite. Basta fingere perché non sai come fare, basta dirti che è impossibile, quando avverti con certezza che l'intuizione ti indica la strada e senti che la direzione presa è orientata verso il tuo bene e il bene dell'altro, ecco che tutto cambia. Davanti a te si presenta, come una chiara luce, cosa davvero puoi fare accorgendoti anche "che stai finalmente amando, prima te stesso perché vuoi liberarti dalla prigione in cui hai scoperto di trovarti, poi l'altro perché lo togli dalle fatiche di quella prigione, prendendo sia tu e l'altro la responsabilità di una corretta azione. Come nell'esempio della mia relazione di coppia.

In pratica quando decidi in ogni campo della tua vita di lasciare andare ciò che non puoi trattenere, tutto si trasforma in possibilità di miglioramento. Sai perché dico questo? Perché è solo impegnandosi a trovare una soluzione utile per te e per l'altro che crei un'alleanza che porterà risultati nuovi e gli stessi saranno quelli che faranno la differenza nella tua vita.

Ancora una volta cosa stiamo sottolineando? Che applicando quelle azioni utili partendo da noi stessi e dal nostro linguaggio, il percorso che si presenterà davanti a noi ci svelerà man mano i risultati che andremo a raggiungere. Ecco che qui incontriamo ancora il linguaggio interno, come ti racconti le cose e l'equilibrio tra te e l'altro. Oltre questo, ti accorgi come l'altro (mio marito in questo caso) riesce a godere di questo agire e di questa una nuova relazione fatta di alleanza e verità tra me e lui? Sai perché? Perché lui non subisce il fallimento ma lo accoglie come possibilità di dare un cambio. Infatti se il possibile fallimento è colto ecco che avviene la magia, perché colmi quello spazio che si è presentato davanti a te con la possibilità di ricostruire in un modo nuovo. Così con maggiore certezza senti che c'è un altro modo oltre quello conosciuto.

Quando ti metti in gioco occupandoti della costruzione tutto si trasforma in possibilità e vedi chiaramente quanto questa attitudine porta beneficio all'insieme. A questo punto davanti a lui non si presenta: non ho altre possibilità, mia moglie mi ha tagliato fuori, sono incapace, ma avverte questo cambiamento nella sua vita come una nuova creazione, sentendo di essere entrato in contatto con la libertà, cioè uno spazio che gli permette di avere più punti di vista sul concetto separazione, diventando così creatore di questa nuova relazione con se stesso e con la sua famiglia (moglie e figli).

Aggiungo e mi permetto di dire libertà, alleanza, verità, perché entri in contatto con quella parte migliore di te che ti conduce alla ricerca di ciò che vuoi, mettendoti nella condizione di capire e sentire in totale sincerità che puoi prendere la tua vita tra le mani, decidendo tu cosa è davvero importante per te e di conseguenza per l'altro.

Quindi cosa facciamo? Ribaltiamo tutto, rimettiamo in discussione la nostra vita responsabilmente e lo facciamo con l'intento di creare un nuovo punto di vista sulla vita stessa.

E' evidente chela famosa tranquillità tanto ambita entra in discussione, insieme all'educazione dei bambini e finalmente parte una nuova avventura con nuovi punti di vista: io e mio marito, nonostante le paure, le convinzioni, anche per ciò che riguardava i bambini prendiamo atto della situazione cominciando a compiere i primi passi verso il cambiamento, tenendo conto che i bambini avrebbero subìto un dolore, perché non è che trasformando la situazione la ferita venga a mancare, anzi! La differenza sta nel fatto che la riconosci, non la subisci e lavori sulla possibilità di trasformarla. Cioè trasformo il limite di quella ferita, in possibilità, ovvero in una nuova posizione.

Come abbiamo fatto? Per prima cosa ci siamo coinvolti noi due partendo da dei punti fondamentali, uno di questi dirci la verità, poi abbiamo reso partecipi i nostri ragazzi spiegando loro chela nostra famiglia prendeva una nuova forma. Mamma e papà abbiamo spiegato non sono più una coppia e per ciò che riguardava la nostra relazione con loro non sarebbe cambiato nulla, perché mamma e papà per quanto riguarda il ruolo madre-figlio, padre-figlio avrebbero svolto il loro compito come sempre.

Questa dichiarazione limpida e veritiera nel tempo ha prodotto una forte, solida, determinata e coraggiosa relazione tra noi affrontando una separazione sì come coppia, entrando in una nuova dimensione di complicità, non diventiamo nemici che si scontrano o si schierano in una posizione o in un'altra, ma degli alleati che lavorano per un unico obiettivo: l'amore per se stessi e l'amore per i propri figli.

Chiaro che questo lavoro è partito dal dolore perché si sa una separazione comunque crea sofferenza, allo stesso tempo riconosciuta la stessa, il dolore, grazie al lavoro intenso su tutti noi, abbiamo deciso di vivere lo stesso utilizzandolo e trasformandolo in "un dolore condiviso". Cosa voglio dire quando dico dolore condiviso? Voglio dire che superare il dolore e imparare da esso rimanendo focalizzati sull'obiettivo che è l'amore in qualsiasi condizione, ha permesso a tutti noi di migliorare passo dopo passo il momento che stavamo vivendo, portando gioia in questa nuova posizione.

Ad esempio, con frasi come "è colpa tua, no guarda è colpa tua" o frasi spesso rivolte ai bambini tipo: Hai visto papà? Manca in questo, non è capace in quello oppure "Hai visto mamma? È un'incapace, non sa stare con voi" e via dicendo. Il lavoro duro è stato proprio su questo, cioè resistere al volere tutti i costi rendere l'altro un fallito o fare ricadere su di lui tutta la responsabilità di questa fine.

Questo ci ha fatto diventare capaci di prenderci le nostre responsabilità nelle scelte, consapevoli del fatto che ciò che è centrale per noi è il bene comune. Non io, non tu, ma noi, conducendoci a incontrare la verità che ci ha immediatamente liberati, da cosa? Dalla menzogna.

La nostra salvezza fu il desiderio di dichiararci nella verità, quella verità che senti nel cuore, e nonostante possa destabilizzare o creare ferite, ci ha portato a decidere di fare insieme tutti quei passaggi utili, consapevoli del fatto che avremmo incontrato momenti di malessere da ristrutturare. Il percorso verso la liberazione dalla menzogna per incontrare la verità, ci ha permesso di trovare tutte quelle risposte utili che colte grazie all'osservazione, all'attenzione e soprattutto all'ascolto, vanno incontro a quel sentiero che io chiamo "fare bene le cose" per il vero bene di tutti chiunque esso sia.

Il mio ex marito? Bene, comunque è stato colui che ho amato e adesso che ho compreso che i nostri cammini possono prendere altre strade, lavoriamo bene su di noi con l'obiettivo che ci accomuna che è il benessere dell'insieme, da fare vivere serenamente anche i nostri figli nonostante la separazione.

Aggiungo che per me e mio marito in quel momento la separazione ebbe un significato molto profondo perché ci ha messo in contatto con noi stessi, facendoci cogliere cosa e chi eravamo veramente e intimamente. Tutto questo grazie alla voglia di raccontarsi la verità di come stanno davvero le cose, rendendoci liberi da una condizione che ci stava imprigionando.

Ti accorgi come le scelte che fai se non rivolte a te stesso e all'altro e il perché di quel tipo di scelte, possano diventare una prigione? Perché nella mia esperienza posso dirti che nel momento in cui mi sono accorta come sono brava a costruire le mie idee, con l'illusione di libertà, sentendo con chiarezza che non è quella la posizione che voglio occupare, ecco che vedo quanto sono brava a imprigionarmi da sola.

Grazie a questo, guardare profondamente dentro me stessa, per poi volgere lo sguardo fuori e accorgermi che anche l'altro vive le mie stesse dinamiche di sofferenza e prigionia, mi ha permesso di capire e sentire quanto io con l'altro posso fare la differenza per vivere una vita che davvero voglio. "Guardare l'insieme e non solo me stessa, quindi guardare al noi". Da qui è nata la possibilità di trovare altre soluzioni e risposte più adeguate a questa situazione.

Di tutto ciò che ho appena condiviso riguardo alla verità strumento per noi importante, perché porta autenticità alla relazione coppia, amicizia, famiglia, fratelli, sorelle, cugini, condivido con voi delle esperienze per fare sì che nel concreto queste possano realizzarsi.

Nel momento in cui abbiamo dichiarato a noi stessi il grande desiderio di liberarci dalla menzogna, per entrare nella dimensione della verità, dicendo le cose prima a noi stessi e poi al mondo esterno, ci ha condotto a costruire una nuova relazione tra di noi di sviluppo, crescita, dandoci immediatamente la sensazione come descritto prima di libertà. Cioè potersi dire: "Così non va bene, desidero il meglio per me e per noi" ha permesso il nostro miglioramento e poi quello della nostra famiglia.

Ci siamo detti con determinazione che ognuno di noi doveva prendersi la sua responsabilità. Questo ha prodotto la voglia di crescere insieme con un nuovo ruolo. Il nuovo ruolo di mamma e papà dichiarato ai nostri figli ha portato a fare insieme i passaggi utili, orientati al benessere di tutti.

I bambini, in questo, hanno partecipato meravigliosamente perché se non tradisci le loro aspettative e stai con ciò che dici, anche in un momento così delicato, loro ti riconoscono come modello (ripeto se non traditi) e riescono a partecipare insieme a te godendo del momento, sostenendoti nonostante la grande difficoltà che tutti stavamo attraversando. Loro sanno che sei il riferimento più grande e sanno anche che possono condividere con te perché ascoltati e non giudicati.

Il bello del loro condividere è che vengono a dirti ciò che pensano nella verità, avendo meno maschere e condizionamenti rispetto all'adulto, sanno anche come agire in quella situazione grazie alla loro genuinità e pulizia.

Mi sono accorta come la loro dichiarazione produce in noi adulti un punto di vista nuovo dove non risiede timore, giudizio, e paura, piuttosto risiede una soluzione, riescono a presentarti cosa è utile fare in quella situazione e lo farebbero senza troppi dubbi, perché vivono la libertà di condividere il loro pensiero pulito. Questo mi porta a confermare che i bambini sono davvero fantastici.

Come abbiamo fatto a creare una relazione leale tra noi che permettesse di essere compresa e accolta? Chiaro che non è stato semplice. Cosa è successo nel tempo? È successo che io e il papà abbiamo fatto il punto nave sulla nostra relazione e ci siamo detti: "bene, così abbiamo capito che non può funzionare perché siamo bravi a occuparci del quotidiano per ciò che riguarda il lavoro, la famiglia, la scuola ecc. cose pratiche che viviamo tutti giorni ma ci stiamo di nuovo perdendo noi due". La nostra relazione di coppia si è trasformata in una relazione comoda. Questo è stato un altro passaggio importante per raggiungere quella dimensione che è la verità.

Cosa intendo quando dico relazione comoda? Che ormai la nostra situazione era diventata di routine e quindi andava bene nonostante sentivamo chiaramente che in realtà non era così. Eravamo consapevoli che era finita da un pezzo! La domanda che ci siamo posti è stata: "Voglio si o no prendere la mia vita tra le mani e raccontare almeno a me stesso la verità in modo da avere un quadro della situazione più chiara e cominciare a fare con delle piccole azioni quotidiane ciò che è davvero importante per me?".

Non l'ho detto prima, nella nostra relazione una volta scoperto che era già finito da tempo il nostro innamoramento iniziale, il primo passaggio che abbiamo prodotto fu il tentativo di ricostruire, sulla base del "riproviamoci, facciamolo per i nostri figli" per scoprire poi che non si riusciva a costruire qualcosa di nuovo su qualcosa che in realtà era giunto alla fine. Tutto questo nonostante l'impegno e la voglia di insistere.

Come coppia eravamo di nuovo persi. Dove eravamo finiti? Dove eravamo ancora una volta caduti? Perché c'è difficoltà nel nutrire questo tentativo? Osservando il come stavamo nutrendo il tentativo, ci siamo accorti che era partito dall'idea di quanto era necessario nutrire lo stesso non per noi, ma quanto per i nostri figli; quindi torniamo alla paura della sofferenza dolore, che non sarebbero stati capaci di superare. Ecco che si casca nuovamente nella menzogna.

Chiaro che non voglio negare la paura. Lei esiste e c'è. Poi se riconosciuta vedo quanto è impegnativa, la accolgo senza giudicarla e metto in atto ciò che serve per superarla! Ed ecco che quando metti in gioco te stesso con l'obiettivo di andare oltre, quando guardi con gli occhi del cuore, ti chiedi: "Cosa è utile per me e per l'insieme?". Tutto cambia già con questo punto di vista tutto si trasforma.

Scendendo più in profondità ti chiedi cosa succede se faccio questa azione piuttosto che l'altra? Nelle risposte si incontra quello spazio di miglioramento che ti impegna a dettagliare ancora meglio la domanda. Queste sono domande importanti perché come detto prima ti portano alla totale esplorazione di te stesso e tutto in te si riorganizza per fare ciò che davvero serve in quel momento.

Quando vogliamo incontrare la paura per decidere finalmente di superarla? E quale è il passaggio per il suo superamento? Accorgersi che ci stiamo mentendo, che per liberarci dalla paura incontriamo la menzogna è un passaggio fondamentale.

Menzogna riguardo cosa? Riguardo all'avere difficoltà nel dirsi: che non funziona più. Infatti discutiamo spesso, c'è difficoltà nel dialogo, ci sentiamo nervosi ecc., abbiamo incontrato quanto era difficile accettare la realtà. Eravamo nella speranza che in qualche modo si sarebbe aggiustato con la voglia e l'intento di costruire, solo che la paura di comunicare ciò che siamo in quel momento è grande.

Piuttosto che dirsi la verità che ormai da tempo è finita, affrontare di nuovo qualcosa che credevamo di aver affrontato e risolto, ci ritroviamo ancora a quel punto di partenza dove tutto è da rifare.

Incontrare la paura, liberarsi dalla menzogna per vivere la dimensione della verità era diventato per noi l'unico scopo, perché avevamo scoperto di essere entrati finalmente in contatto con noi stessi e il noi stessi ci avrebbe messo in contatto con l'altro e scoprire così il luogo della verità, un luogo che quando lo incontri ti dà la possibilità di avere risposte migliori di quelle già conosciute. Le stesse sono il frutto di una ricerca della risposta che davvero vuoi dare, perché la senti tua anche in quella situazione che ti si presenta. Questo è il significato profondo che io e mio marito abbiamo dato alla parola verità.

Scoperto il nodo da sciogliere di mamma e papà e raggiunta questa consapevolezza, ecco che come detto prima, condividiamo anche con i nostri figli la verità che avremmo tutti quanti partecipato a questo cambiamento e questo ci avrebbe permesso di evolvere perché l'obiettivo è espandere e non ridurre. Mamma e papà sono alleati, e hanno accettato la loro posizione grazie anche ai nostri ragazzi che hanno accolto la nuova dimensione. Sì, perché sempre nella dichiarazione nell'intento di aiutarsi e ricreare una situazione nuova, ci ha portato ad essere più liberi nei confronti dei ragazzi per raggiungere quello stato di benessere per tutti noi che non toglie energia piuttosto la aggiunge e a volte la rigenera.

Quale strategia abbiamo utilizzato per fare questo? Una strategia che sono certa hai avuto modo di incontrare anche tu e tutti noi almeno teoricamente la conosciamo molto bene, cioè saper incontrare la verità; perché con la testa desideriamo ambire a questa sfera che ci permetterebbe di stare meglio, solo incontriamo delle difficoltà nel metterla in atto. Questo ci porta a non tradire me stesso per poi non tradire l'altro, chiaro che questo tipo di atteggiamento è impegnativo, perché richiede attenzione e grande desiderio di accogliere la verità su se stessi e su l'altro, per giungere alla comprensione di chi siamo davvero.

Quando decido di fare quella cosa che è importante per me, la faccio senza scuse. Ti sei accorto che siamo circondati di scuse? In primo luogo con noi stessi? Che costantemente tradiamo il nostro fare? Allora la posizione da prendere nel quotidiano è: partire da qualcosa che è raggiungibile per noi, compiere quell'azione che ci fa raggiungere ciò che desideriamo e sentire finalmente nascere in noi quella capacità di rimanere con ciò che ho deciso di fare.

Un'azione da cui si potrebbe partire e che siamo poco abituati ad utilizzare è farei complimenti. Quante volte riesco a dire all'altro che è in gamba? Anche se sono in fase di separazione, piuttosto che dirgli che è un incapace, sarà stato capace qualche volta corretto? Avrà raggiunto dei buoni risultati e se lo desidera può fare molto di più grazie anche al nostro sostegno?

Comincio a fare i complimenti. Sì, perché sembra una banalità ma ti restituisce un'energia incredibile perché l'altro si sente riconosciuto, amato. Chi oggi non desidera sentirsi amato? Soprattutto da dove posso partire a fare questo? Dalla mia famiglia, riconoscendo nell'altro la capacità e sottolineando il suo talento piccolo o grande che sia, ognuno di noi ha talenti, solo che raramente vengono espressi. Perché? Sempre per la paura di sentirmi in errore e soprattutto perché tanto non vengo capito.

Ti sei mai sentito così? Allora qual è il nostro compito? Accorgerci noi del talento dell'altro sottolinearglielo e condividere con lui quanto è importante il suo contributo perché porta bellezza e gioia in ciò che fa.

Cosa produrrebbe nella mia vita e in quella dell'altro un atteggiamento propositivo di questo tipo? Produrrebbe maggiore fiducia, maggiore capacità e tanta, tanta voglia di farcela da esprimere appieno noi stessi. Scoprire qualità inaspettate, cominciare a dare valore a ciò che sono per fare si che possa diventare ripetibile mi porta a riconoscere in me e in te questo valore dando maggiore forza allo stesso.

Fatto questo ecco che cominciamo ad attuare le cose pratiche, la separazione, una separazione consapevole che permette come dicevo precedentemente di divenire nuovi, creare un nuovo noi stessi. Come si costruisce una separazione consapevole? Quali strumenti hanno permesso di dare la svolta a una situazione che si presentava con dolore? Intanto un'altra domanda importante è stata: "Io cosa voglio davvero per me? Io cosa voglio davvero per l'insieme?".

In primo luogo, lo scopo è il benessere dell'insieme, ricordi? Condividendo con i nostri bambini, ancora prima con noi stessi, che è possibile vivere un'altra vita, nulla viene tolto, tutto viene rivisto nella verità, perché come dicevo prima il grande obiettivo è liberarci dalla menzogna. Quale menzogna? La menzogna del dover recitare che siamo una famiglia e la famiglia deve stare insieme, anche se mamma e papà non si amano più così tanto, non fa nulla, si deve andare avanti.

È di questo che parlo, io e mio marito non potevamo più fare finta di essere ciò che non eravamo, di conseguenza dirsi la verità per liberarsi dalla menzogna fu l'azione utile da compiere, per poter condividere anche con i nostri figli quali sarebbero stati i passaggi che avrebbero portato importanti risultati nella nostra nuova relazione da separati. Nonostante il dolore, costruiamo una nuova posizione dove si cerca di lavorare intensamente anche sul possibile conflitto di mamma e papà.

Sarai d'accordo con me che oggi una separazione porta alla normale reazione del conflitto e si ha difficoltà a trovare un punto di incontro tra la coppia? Questo nasce perché siamo confusi, abbiamo difficoltà ad affrontare qualsiasi situazione oltre gli impegni quotidiani che ognuno di noi porta avanti.

Hai già visto più volte che questo accade tutti i giorni? Sembra di non avere tempo, che ci siano un sacco di cose da fare. Ma poi? Se mi guardo oggi rivedendo qualche anno indietro il mio passato, la prima cosa che vedo è quanto mi impegnavo per essere dappertutto e questo essermi adoperata per essere dappertutto non mi portava a raggiungere i risultati voluti, non raggiungendo così l'obiettivo desiderato. Ovvio, con dispersione senza orientamento è molto più difficile riuscire a fare tutto e questo tipo di atteggiamento cosa produceva?

Come detto prima dispersione anziché restituirmi energia perché orientata verso l'obiettivo utile al raggiungimento di ciò che serviva in quel momento, ecco che sento togliermi questa energia. Sai perché accade? Perché si è troppo concentrati in un campo della vita e poco nella possibilità di riuscire a stabilire un passettino alla volta per fare bene, anche se poco, in tutti i campi della vita.

Come posso uscire da questo circolo vizioso di dispersione? Come prendere una decisione che sia orientata verso il bene comune? Come posso fare sì che questo nuovo punto di vista, nonostante possa provocare attrito all'altro, possa divenire per lui uno strumento di incontro e non di scontro?

Queste sono state domande importanti per noi, che ci hanno fatto vedere da dove partire "cioè da noi". Poi visto quanto posso fare per me perché il primo passo sei tu, passo al noi "incontro" producendo così miglioramento nella mia vita. Ecco che poi raggiungo anche l'altro. Cosa ha permesso nel nostro caso che ciò accadesse? La dichiarazione!

Sì, la dichiarazione perché è lo strumento che fa vedere prima la possibile ferita, poi vista la possibile ferita comunichi il tuo punto di vista. Ecco che nel dichiararti, dici le cose che senti, le paure, i limiti, decidendo di incontrare la verità che è un valore neutro su cui puoi lavorare.

Sembrerebbe più duro questo processo perché impegnativo vero, solo che questo impegno è l'unico che può condurre alla liberazione di te stesso. Al contrario se non ti dichiari non incontri la ferita quindi nessun dolore, non incontri la paura cosa incontri? La menzogna.

Menzogna uguale nessun lavoro perché porti avanti con maggiore fatica la relazione qualunque essa sia senza risultati duraturi. Nel primo caso quando incontri la verità perché hai deciso di metterti in gioco, ecco che vedi con maggiore chiarezza l'obiettivo, cioè lavorare su di sé incontrando la verità che produrrà miglioramento nella tua, sua e vostra vita.

Nel secondo caso invece vivi la menzogna, le cose vanno avanti per inerzia, fino a quando la situazione non degenererà, perché insopportabile quel peso non dichiarato e cosa succede? Come risultato una separazione nel conflitto che porta maggiore separazione tra tutti i componenti della famiglia. I bambini, mamma, papà, entrano in quel circolo vizioso mentale che è il conflitto generando maggiore separazione e discussione tra tutti.

Da qui parte per entrambi l'inizio di una scoperta in una nuova situazione. La nuova creazione di noi dove con grande forza sentiamo la bellezza di essere rinnovati, in cosa? In una nuova capacità, la capacità di fare ancora meglio nonostante una separazione.

Ecco la bellezza di una nuova alleanza che ci restituisce nuova consapevolezza, la nostra separazione diventa per tutti un punto di forza, il carburante per vivere la vita da un altro punto di vista, e vedersi andare oltre la paura, oltre l'immaginazione, che ti impedisce di vivere la vita che vuoi. Ecco che superata e incontrata insieme, parola magica "insieme" raggiungi i risultati desiderati, perché da solo non ce la fai, soprattutto se con l'altro si è innescato il conflitto.

Come detto prima, il passaggio di accogliersi per diventare alleati di questo superamento. Questo ci permette di incontrare un bellissimo luogo che ho imparato a chiamare "giardino interiore" dove hai la possibilità di togliere ciò che non serve "emozioni negative, giudizio, solitudine ecc." per seminare le nuove consapevolezze, i nuovi pensieri proattivi che ci permettono di migliorare la nostra capacità e chiederci: "cosa posso fare io affinché l'altro oltre me possa godere della bellezza, della consapevolezza, di questo giardino, nessuno escluso?

A queste domande nascono nuove risposte che ti fanno raggiungere quella pace tanto ricercata, mettendoti nella condizione di incontrare nuovi punti di vista, dare il giusto significato e fare ciò che serve ed è utile in quella situazione qualunque essa sia. Cosa abbiamo imparato da questa situazione? Come posso io fare in modo di mantenere questo stato di serenità nella famiglia? Faccio questa domanda proprio perché il passaggio successivo dopo la dichiarazione è il superamento delle paure. Ecco che incontro la verità, incontriamo un'altra capacità: la costanza, cioè portare avanti ciò che ci siamo dichiarati senza dimenticarci o cadere nella trappola del "È colpa tua".

Perché la costanza? Semplicemente perché ci siamo accorti che nutrire e mantenere quello stato di benessere per tutti noi, richiedeva e richiede ancora oggi una capacità: la capacità di non perdere di vista l'obiettivo. Quindi giorno dopo giorno mettere un mattoncino creativo e costruttivo per non cadere nel "si ci siamo dichiarati, ci siamo detti la verità ma oggi più di ieri faccio fatica a sopportare questa separazione e quindi ti incolpo perché in realtà hai voluto tu questo".

Come possiamo fare questo? Vista la possibile caduta dove si rischiava di fare ricadere sull'altro la colpa e osservata questa cosa, abbiamo potuto cogliere che l'emozione negativa ci stava travolgendo "colei che purtroppo distrugge ogni cosa" prendendo il possesso delle nostre emozioni.

Abbiamo fatto sì, anche oggi agiamo così, di attuare le strategie per trasformare, rigenerare quella emozione da ricordarci l'obiettivo iniziale; la famiglia, i ragazzi quindi nessun dolore o comunque lavorare su di esso accogliendolo: ricordarci che non siamo nemici e che siamo pronti ad accogliere questa emozione portando a ristrutturare la stessa per superare l'ostacolo che si è presentato, incontrando dopo questo superamento la possibilità di passare oltre a ciò che normalmente si farebbe.

Superati questi momenti difficili tra mamma e papà e affrontati questi meravigliosi passaggi che ci hanno portato ad essere vincenti in più campi della vita, sia nella famiglia che nel mondo fuori, ecco che si evidenziano dei risultati meravigliosi anche nei ragazzi che per noi sono sempre stati la grande motivazione per il superamento del limite, cercando di non farli sentire incapaci, o in difetto, quindi motivo di schieramento verso mamma e papà da creare conflitto.

Nel mondo della collettività abbiamo lavorato per fare sì che nei confronti della scuola, non era necessario mettere questo segno con insegnanti e compagni di classe, perché avrebbero portato i nostri bambini a non vivere bene questo momento, in quanto qualcun altro di esterno avrebbe messo un'etichetta per ogni piccolo errore fatto dal bambino. Sarebbe subito nata l'idea: "Ecco accade così perché poverini stanno subendo una separazione". Questo avrebbe prodotto sconforto nei bambini portandoli a pensare che per colpa di questa separazione non sono "capace a scuola e con gli amici".

Questo era ed è ciò su cui abbiamo lavorato e stiamo lavorando tanto. Non è detto che una cosa negativa produca maggiore negatività. Se vista nella possibilità quindi da un nuovo punto di vista, ecco che nasce la soluzione. A tutti noi questo ha permesso di vivere in un'altra dimensione ricca di possibilità, perché spesso è nelle difficoltà che si riesce ad avere un nuovo punto di vista, perché ti scopri scomodo e il confort di prima non esiste più. Piuttosto che cadere nel vittimismo che subisco un torto, vedo questo trasformarsi in "ho la possibilità di partire da dove mi trovo creando una nuova posizione per me e per l'altro".

Anche qui superati questi momenti impegnativi, dove ci troviamo di fronte a una nuova situazione, ecco che la vita ci mette in contatto con una nuova possibilità: la conoscenza di un altro uomo amico del papà che è diventato poco dopo il mio compagno.

Nel momento in cui tutto sembra già nel casino, dove con calma e dedizione si sta cercando una posizione per il bene di tutti come è possibile che arriva un uomo nella mia vita, nella vita della mia famiglia e si riesce ad aggiungere anche questa situazione senza togliere? Si riesce a mettere insieme ciò che sembra impossibile rendendolo possibile? Cosa ha permesso tutto questo? Come avrebbero potuto anche i bambini accogliere con gioia questa nuova condizione? E il papà che è stato ed è straordinario? Si è messo nella condizione di accogliere lasciando andare ogni forma di attaccamento verso se stesso e verso l'altro, ovviamente con tutto il sostegno possibile da parte mia, dei bambini e successivamente anche del mio nuovo compagno di vita.

Come sempre faccio queste domande perché immagino che nel racconto della mia storia, possano sorgere a te che leggi. Ti devo condividere che durante questo stravolgimento, ribaltamento della mia vita mi sono chiesta con maggiore profondità: come avrei potuto io così debole in quel momento delicato superare e mettere insieme ciò che desideravo profondamente? Sì perché quest'uomo di cui sto parlando, dal momento che l'ho conosciuto mi ha fatto sentire un innamoramento fresco, pulito e ho avuto da parte sua la sensazione che avesse un senso profondo della famiglia.

Io sentivo con tutta me stessa che nonostante potesse essere folle compiere questo passo, era una follia che volevo vivere ese me la fossi negata non avrei potuto avere più questa possibilità. Infatti oggi confermo quanto è stato importante agire ed avere ascoltato il mio essere, chiamiamolo intuito, che a tutti i costi voleva portarmi in quella direzione. Oggi più di ieri posso confermare come questo arrivo nella vita di tutti noi abbia fatto e faccia bene tutt'ora.

Anche qui come vedi se non colto immediatamente ciò che dentro ti parla, ti comunica, ecco che rischi di perdere quella che può essere un'occasione, una possibilità di miglioramento nella tua vita, nella vita dei bambini e nella vita dell'ex marito.

Ebbene, cosa accade anche in questa nuova avventura che ha coinvolto tutti? Avviene un'altra trasformazione nella nostra famiglia e l'obiettivo è sempre quello di occuparsi dell'insieme, non dimenticarsi che anche se io mi sono innamorata non potevo rimanere concentrata solo sul mio innamoramento, dovevo assolutamente riuscire con tutte le mie forze a fare sì che questo non portasse disequilibrio nella mia famiglia con il rischio di peggiorare la situazione in quel momento delicato e fragile, ma che questa nuova figura diventasse per noi una possibilità di miglioramento della situazione stessa. Ovviamente siamo andati incontro a delle delusioni iniziali e anche a degli squilibri, perché per creare almeno all'inizio è necessario *discreare*.

Da parte di tutti, ciò che ha fatto la differenza per poter accogliere questa nuova condizione è stato il grande desiderio di migliorarci io, il papà, i ragazzi e il mio nuovo compagno, così da diventare un nuovo insieme più ricco e completo, dove ognuno di noi, sempre grazie alla dichiarazione, ha potuto ed ha la possibilità di esprimere il proprio dissenso o accordo.

Tutto questo è stato costruito passo dopo passo e giorno dopo giorno, superando quelli che erano momenti di sconforto, accogliendoli come tali, senza appesantirsi di quel momento negativo e celebrando quei momenti di gioia perché prodotti grazie alla consapevolezza del grande desiderio di costruire e non di distruggere.

Il segreto di tutto questo? Mi sento di aggiungere è stato e ne fa parte anche oggi: l'amore, sì l'amore perché quando ti chiedi "come posso fare in modo che questa situazione possa godere di un risultato vincente per tutti e non solo per me", ecco che si presentano soluzioni inaspettate perché sei profondamente alla ricerca di fare qualcosa di diverso che porti nella direzione di sentire con maggiore intensità che è possibile amare e questo accade proprio perché prima di amare ti sei amato.

Detto questo ti sei accorto che ho inserito delle parole chiavi? Soprattutto cosa ha permesso e permette ancora oggi di riuscire anche in un momento così delicato? Ti sei accorto quanto ancora parlo del dialogo interno e della sua importanza? Fa una grande differenza porsi delle domande corrette perché ti permette come già ripetuto, di trovare le corrette risposte. Da cosa si capisce se una domanda è corretta? Si capisce dal fatto che contiene dentro se la risposta. Bisogna stare attenti a come si formula la domanda perché troverai dentro alla stessa ciò che ti serve.

Ora torniamo a cosa ha permesso questo risultato, ricordi la dichiarazione e la sua importanza? Già perché la dichiarazione mia, di papà e del mio compagno, ci ha fatto ancora una volta constatare che il focus eravamo noi e dirci cosa volevamo davvero è stato importante. Allo stesso tempo abbiamo tenuto conto del fatto che i bambini, come noi, in questo passaggio delicato hanno la loro importanza. Quindi sì, ci concentriamo su di noi, ricordandoci dei ragazzi mettendo sufficiente distanza dai nostri bisogni, per dare maggiore attenzione ai valori di tutti. Capendo che una persona in più avrebbe prodotto beneficio, ha fatto sì che tutti noi potessimo lavorare per il valore dell'insieme e non solo del singolo.

Mamma, papà e il mio nuovo compagno, hanno intanto dettagliato il proprio ruolo a se stessi e poi nei confronti dei bambini, permettendo così ai bambini di sentire appieno un'inclusione e non l'esclusione, proprio perché ognuno si impegna a fare bene la sua parte.

Vedi cosa è successo? Il passaggio fondamentale che desidero trasmettere è che il nuovo punto di vista se accolto permette questo successo. Perché se noi, io e il papà non ci fossimo chiesti: "come possiamo affrontare la separazione senza distruggere ma costruendo la nostra storia con un'altra forma". Se non fossimo andati in profondità ricercando l'amore anche in questa condizione, non sarebbe potuto accadere ciò che siamo oggi, perché la prima reazione avrebbe potuto essere il conflitto, il giudizio "tu sei sbagliata/o, è colpa tua ecc." ci avrebbe tolto energia e ogni possibilità, mentre allargare la visione ed entrare nel luogo della possibilità ha fatto e continua a fare una meravigliosa differenza nella nostra vita.

Ho voluto dettagliare semplicemente perché troppo spesso siamo nel limite della negazione che non ci permette di incontrare la possibilità. Il punto fondamentale è accogliere ciò che sta accadendo senza respingerlo o negarlo, piuttosto accoglierlo e rigenerarlo. Vedi cambia tutto, anche il come ti senti cambia tutto, il come si sente l'altro e quali soluzioni si possono mettere in atto per vivere felice nonostante le difficoltà. Questo ti permette di incontrare la felicità che è quello stato interiore di pace dove tutto si manifesta per il bene. Intanto il tuo bene e infine il bene dell'altro, che gode di questa tua manifestazione.

Aggiungo caro lettore che si sa una separazione lo dice la parola stessa, se non accolta come possibilità di cambiamento e miglioramento della vita perché si dice basta alla sofferenza, la stessa fa sentire entrambi di averla subita, quindi fallimento; ma se accolta con coraggio ci permetterà di migliorarci e non sentirci incapaci. Questo è ciò che spesso ci raccontiamo io, il papà dei ragazzi e il mio nuovo compagno.

Il nostro desiderio più grande è di fare sentire l'altro "marito o moglie" parte di questo nuovo progetto perché parte è già stato e non ce ne dobbiamo dimenticare. Quindi in modo molto vero la relazione finisce ed entra a fare parte di questa relazione un altro ruolo di due genitori che lavorano su se stessi con armonia ed equilibrio, dando comunque riferimenti ai propri figli che sono, nonostante il dolore, la nostra forza, il nostro coraggio, la nostra determinazione, la nostra costanza per vivere appieno la verità.

In sintesi, caro lettore, ti ho condiviso come poter fare in modo che una relazione di coppia anche se arriva al termine del suo viaggio, possa proseguire con una nuova posizione, perché riconosco nell'altro che prima di essere stato la fine della nostra relazione è stato l'inizio, cioè colui che insieme a me ha costruito nel nostro caso una meravigliosa famiglia, ci ha creduto sino in fondo, fino a quel momento. Così insieme a lui, e lui insieme a me, possiamo accogliere la nuova situazione senza attaccarci, giudicarci, perché capaci di perdonare e capace di perdonarmi.

Cosa sto condividendo con te? Semplicemente che è possibile impegnarsi per diventare capaci ognuno di noi di prendersi la responsabilità e di conseguenza ricercare quella soluzione utile insieme, che non porti maggiore distruzione, piuttosto a un maggiore miglioramento.

Ecco che qui incontri l'amore, amore per chi? Amore per tutti noi perché abbiamo sentito e sentiamo quanto la vita sia meravigliosa e piena di possibilità nonostante tutto, da permetterci di osservare nuovi punti di vista, portare attenzione ad essi, capire come utilizzarli e vedere che è possibile fare anche in un altro modo. Un modo che ripeto dà benessere a tutti, nessuno escluso.

Sottolineo ancora una volta che la possibilità che ti dà la vita è quella di incontrare il dolore, la sconfitta, la perdita, chiamiamola come vogliamo, perché fa parte del progetto per divenire migliori.

Se imparassimo a guardare le cose per ciò che sono cioè capire che la sfida e il suo superamento (con il desiderio di imparare) servono per crescere e soprattutto se riconoscessimo il suo reale significato, quindi incontrarla, non subirla, riconoscerla, la sconfitta, la perdita, perché una volta riconosciuta come possibilità di miglioramento (perché questo ci chiede la vita ogni momento difronte agli ostacoli: di darci la possibilità e impegnarci a trovare soluzioni), diventa per noi sfida cioè capacità di giocare la partita e farsi trovare pronti ad accogliere questa negazione per trasformarla in capacità impegnandoci a giocare la stessa e fare sì che la soluzione si evidenzi davanti a noi perché è stato fatto tutto il possibile per farlo accadere.

È meraviglioso perché l'altro a questo punto riconosciuta anche lui l'esistenza di un'altra possibilità, diventa non l'avversario ma l'alleato che gioca con te la partita. Ecco che grazie a questa alleanza nasce un nuovo valore poco considerato e di grande spessore: la Fiducia. Sì, io, il papà e il mio nuovo compagno ci siamo fidati l'uno dell'altro tanto da fare nascere la fiducia anche nei bambini che ci hanno sempre visto come una meravigliosa squadra pronta a farcela.

Come posso fare in modo che l'altro si fidi di me e io di lui e ci porti creare una nuova relazione? Nella mia esperienza di coppia la fiducia nasce quando io cerco quel luogo interiore che è il luogo della fioritura; ricordi il giardino di cui ti ho accennato prima? Della possibilità, cioè della verità? Infatti, quando mi impegno a farmi le giuste domande per ricercare le risposte adeguate sento quanto sono vicina alla verità.

In tutto ciò senti con grande chiarezza che avere un atteggiamento riduttivo nei confronti della relazione terminata dicendo ad esempio "è colpa sua, non si è preso la responsabilità, non è stato capace ecc., porta a tagliare fuori l'altro. Da cosa si capisce che si sta riducendo? Dal termine "Non". Quando invece "qui torniamo sempre al linguaggio" io riesco a narrarmi "quanto io avrei potuto fare meglio in questa situazione" per fare dono anche all'altro di questa capacità, ecco che espando la mia visione e sento con maggiore chiarezza che nulla viene tolto, gettato, anzi tutto viene trasformato da permettere a me e l'altro di vivere questa nuova capacità.

Ammetto che nelle mie esperienze in un tempo non molto lontano ridurre era ciò che applicavo per risolvere nell'immediato. Oggi posso dire che espandere, includere e mettersi nella possibilità di trovare risposte differenti alla solita risposta che è la reazione, ha cambiato e continua a cambiare la relazione di noi tre (mamma, papà e il mio compagno) che ci sta conducendo passo dopo passo sulla via del costante miglioramento, anche il resto delle relazioni che vivo nel quotidiano acquistano un nuovo sapore, una nuova capacità.

Cosa abbiamo visto insieme? Abbiamo visto: la possibilità di potersi migliorare come? Grazie alla narrazione, come ti racconti le cose. Abbiamo visto da dove posso cominciare, da chi? Da me. Come posso farlo? Grazie all'ascolto, all'osservazione, all'attenzione e infine la dichiarazione.

Per scoprire cosa? Scoprire che non dichiarandomi non mi ferisco, non incontro la paura, non mi dico e non dico la verità all'altro, ed ecco che incontro la menzogna (non so nulla di me) quindi non posso lavorare su di me. Invece se scopro la dichiarazione, incontro la possibile ferita, vedo e sento la paura della dichiarazione a me stesso e all'altro per giungere alla verità (scopro chi sono) e da qui parte la possibilità di lavorare su di me.

Questo lavoro produce verità uguale libertà dalla menzogna. Poi nei capitoli successivi andremo a vedere insieme i passi che ci possono fare giungere alle mete da noi desiderate per ciò che riguarda i campi della vita come lavoro, amicizie, collettività, fisico, spirito, finanze ecc.

Siamo giunti al termine di questo capitolo, ora voglio vedere insieme a te alcuni punti che ritengo fondamentali:

- nella lettura avrai colto che nonostante la separazione produca dolore, con la dichiarazione abbiamo scomposto l'intensità del dolore tra i componenti della famiglia, quindi questo è diventato più gestibile in quanto condiviso. L'alternativa sarebbe stata amplificare il dolore per i componenti della famiglia, e capisci che in questa situazione avere fatto per tre, cinque, avrebbe schiacciato i singoli componenti.

- Nel racconto si evidenzia il termine economia che dettaglierò approfonditamente nei capitoli più avanti. Desidero condividerti un piccolo dettaglio ora. La nostra separazione si è risolta fissando un appuntamento in tribunale con il giudice al costo di una marca da bollo, mentre le separazioni si risolvono dopo anni di udienze con cifre a quattro zeri e più.

- Un altro punto importante è dove vuoi metterti? Chiuderti in te stesso quindi in prigione o in libertà? La paura c'è, esiste. Scegli se farti paralizzare o se utilizzarla per migliorarti grazie alla dichiarazione.

- Spesso diamo per scontata l'importanza di entrare in contatto con un linguaggio proattivo tipo: il complimento. Ti invito a riscoprire il valore e il potere del complimento.

- Non sempre è utile dichiarare al mondo il tuo stato soprattutto in un momento di forte debolezza, perché entri nella maggiore confusione, mi riferisco alla parte condivisa dei ragazzi in relazione alla scuola, dove non si è chiesto di mentire non dichiarando ancora alla scuola la situazione, ma di attendere che tutti noi potessimo essere più forti per condividere con il mondo esterno questa nuova realtà che sicuramente avrebbe avuto da dire la sua.

- Voglio sottolineare quanto è importante aggiungere, perché porta ricchezza mentre la riduzione porta povertà.

RIEPILOGO DEL CAPITOLO 3:

- SEGRETO n. 1: farsi le domande utili producono migliore narrazione con se stessi e con l'altro.

- SEGRETO n. 2: nel nostro cervello non possono convivere contemporaneamente emozioni negative con emozioni positive, quindi scegli come e dove vuoi stare.

- SEGRETO n. 3: raccontare a noi stessi che è possibile in qualsiasi situazione, costruire una nuova narrazione di noi ci fa incontrare nuovi punti di vista che ci permettono di divenire migliori.

- SEGRETO n. 4: riconoscere nell'altro che è un valore aggiunto nella tua vita in grado di portare il suo contributo è ciò che trasforma e migliora la vostra relazione, senza trascinare con sé l'altro nel proprio obiettivo ma coinvolgere quindi cooperare per un progetto comune, utile all'insieme.

- SEGRETO n. 5: capire e comprendere che il giudizio, la critica nei confronti di se stessi e poi nell'altro produce incapacità di riuscire in ciò che vuoi davvero. L'ascolto, l'attenzione e l'osservazione sono strumenti che ti permettono di vedere le cose da un altro punto di vista e di resistere al giudizio e alla critica.

Capitolo 4:

Ribaltamento: come ha funzionato per me

Ora passiamo all'atto pratico, come posso creare dentro di me il luogo della felicità che mi permetta di incontrare e riconoscere il disordine, perché consapevole della confusione che mi abita, per giungere a mettere ordine grazie all'incontro di uno spazio vuoto che mi porta alla consapevolezza di ciò che sono e giungere così a ordinare il mio mondo interiore esattamente come voglio?

Partiamo dalla dichiarazione, ancora prima di dichiararmi, ciò che ha permesso di avere chiaro cosa avevo da dire è stato il silenzio, per me l'alleato migliore perché produce uno spazio che ti fa vedere come stanno veramente le cose. Vedi chiaramente chi sei e cosa si muove dentro di te, da mettere così ordine lasciando andare ciò che non serve e utilizzando ciò che serve per poterti dichiarare esattamente come avresti voluto.

"Il silenzio è l'atto pedagogico d'amore più elevato in assoluto perché ti dà la possibilità di produrre un'osservazione senza segno (giusta o sbagliata), ti fa raccogliere i dati dell'evento, soprattutto permette di ascoltarti. Cosa voglio dire? Che nel momento della dichiarazione senza osservazione, senza silenzio c'è il rischio di una reazione nella risposta immediata poco utile rischiando anche lo scontro con quell'evento.

Fermarsi e ascoltare la domanda che in quel momento la situazione ti pone, il silenzio, e l'ascolto creano quello spazio che ti fa incontrare la risposta migliore entrando così totalmente in contatto con l'evento. A questo punto raggiungo l'obiettivo in qualsiasi campo della mia vita perché in quello spazio, dove sento sorgere la risposta utile non solo per me con il mio punto di vista, ma anche per l'altro, scopro la bellezza dell'incontro con l'altro, quindi il benessere dell'insieme.

Questo passaggio del silenzio che viene prodotto permette di ribaltare le mie convinzioni, le mie credenze grazie al nuovo punto di vista sorto e alla domanda che dà una nuova visione delle cose facendo un'altra domanda ancora più dettagliata. Ad esempio, la domanda che spesso sento sorgere dentro me è: "È tutto qui? Quando giunge la risposta dettaglio ancora meglio e mi chiedo, è l'unica possibile risposta che ho a questa domanda che mi si è presentata?" ed ecco che comincia una nuova ricerca con maggiore consapevolezza. La ricerca di me stessa, mi fa entrare più in profondità con la domanda, portandomi a fare meglio del meglio che già faccio in quella situazione, facendo vivere così il silenzio, quel luogo che ogni volta mi fa incontrare la parte migliore di me.

Tutto questo grazie a cosa? All'applicazione. Cosa intendo per applicare? Intendo il silenzio, quella capacità che posso utilizzare per migliorarmi e migliorare la relazione con me stessa così come con l'altro. Si il silenzio, il fermarsi è "applicare".

Ecco che qui incontriamo di nuovo l'origine "fermarsi" che produce silenzio, uguale risposta adeguata a quella domanda. A questo ho voluto dare un nome che sento personalmente uno strumento vincente. Si chiama "rieducare se stessi" perché guardando ciò che sono, le dinamiche che costantemente si ripetono dentro me, ecco che sperimento un nuovo punto di vista e nello sperimentare mi accorgo che una nuova capacità si sviluppa, nonostante la paura di compiere quell'azione diversa, una volta applicata l'azione scopro che il timore sparisce e la gioia l'entusiasmo aumenta. Tutto questo grazie a "fermati", al silenzio e "ascoltati".

"Fermati" permette di tranquillizzarmi, di rilassarmi e posso vedere e riconoscere lo stato in cui mi trovo, riordino il mio mondo interiore. Da questo punto avverto il desiderio di non essere più così. Mai più così, perché? Perché riconosco che quell'atteggiamento da me visto e accolto più volte, prima produceva dolore a me e all'altro, adesso voglio essere differente per me e per l'altro. Come? Migliorando quella parte di me già vista. Applicando un'azione diversa in quella situazione, miglioro la stessa.

Un'esperienza che sto facendo è nel campo dell'amore, sfera importante perché contiene tutti gli ambiti della mia vita. Rimanendo sul centrale ecco che risolvo il periferico. Cosa intendo con amore? Di amarmi così come sono senza giudizio e critica anche negli errori che faccio, perché, in realtà gli stessi mi stanno insegnando e sono coloro che mi fanno crescere, quindi imparo e imparando quando incontro una situazione simile a quella già vissuta, so che posso applicare quell'azione migliorata dall'esperienza precedente.

Perché parlo di errore? Perché distrattamente non ho fatto in tempo a coglierlo producendo quella azione e, come detto prima, cogliendo la distrazione colgo anche la possibilità di sviluppare maggiore attenzione.

Amandomi scopro l'amore, scopro lo spazio di miglioramento e scoprendo il mio miglioramento sento che posso amarti, consapevole che tu sei come me, quindi anziché mettere un segno su l'altro, perché magari ha avuto una mancanza nei miei confronti, ecco che mi riconosco in lui e di conseguenza accolgo quella capacità di amarmi per migliorarmi; questo miglioramento giunge nel momento in cui decido di accogliermi e accoglierti senza giudizio.

L'obiettivo di questo è poter condividere con te che è possibile vivere migliorando ciò che non funziona grazie all'osservazione, all'ascolto e al piccolo fare quindi applicazione per poter godere dell'attimo. Mi fermo e mi ascolto sento di entrare in contatto con l'attimo, colui che mi dà la possibilità di ascoltarmi senza fretta, nonostante la sollecitazione. La domanda richiede una risposta immediata, nel fermarmi un attimo scopro la possibilità di una nuova risposta non la solita, e rispondendo in modo nuovo giunge una gioia infinita, in grado di soddisfare ciò che in quel momento la vita mi chiede.

Quando mi metto in questa possibilità "la possibilità di incontrarmi per incontrarti" cercando con tutta me stessa di vivere l'attimo, di vivermi e di viverti, mi accorgo che tutto diventa più bello, luminoso, armonico perché c'è assenza del giudizio, su me, su te, sull'altro e si presenta quel momento dove mi vedo nella grande possibilità di fare accrescere la mia attenzione, il mio ascolto permettendomi di stare con ciò che mi circonda come se fossi collegata con il tutto.

Faccio un esempio pratico, quando mi metto in questa condizione cioè incontrarmi e incontrare l'altro, avverto il nostro esistere come se fossimo una cosa sola collegata. Non più io come singola cellula, ma noi, che facciamo parte di questo contenitore che è la vita, io te e l'altro siamo le cellule che ci abitano dentro e si incontrano con l'unico obiettivo: fare funzionare questo contenitore che ci contiene perché possa non cadere nella malattia, nel giudizio, nel malessere.

Ecco, sto parlando della bellezza del nostro meraviglioso pianeta che ci accoglie e noi piccole cellule che ne facciamo parte dobbiamo assolutamente collaborare per fare sì che lo stesso funzioni. Diventa necessario agire in modo nuovo, "scoprire cosa ci abita dentro linguaggio (narrazione), pensieri, emozioni, azioni" ribaltare il tutto per pulirsi da tutto ciò che non serve e tenere ciò che è utile, lasciare andare emozioni negative, pensieri negativi, giudizio, maldicenza su noi stessi e sugli altri, per fare sì che tutto dentro noi possa essere riordinato. Giungere alla guarigione, grazie alla capacità di essere diventati noi gli artefici della vita che davvero vogliamo, per noi e per l'altro.

Perché parlo spesso dell'altro? Perché io posso esistere solo grazie alla connessione e a un filo conduttore con l'altro. Da solo non vado da nessuna parte. Penso che questo sia un esempio calzante del perché utilizzare tutti quegli strumenti utili appena descritti. Tutto questo ci permette di diventare come detto più volte ciò che davvero vogliamo. Se noi siamo sconnessi gli uni agli altri questo produce malessere, è necessario essere connessi per giungere al benessere.

Tornando agli strumenti per poi giungere al risultato che ho condiviso nelle righe precedenti, fermarsi permette di vedere meglio, di sentire meglio, di ascoltare meglio la domanda che la vita costantemente ci pone. Ogni volta osservo che la vita mi chiede di essere pronta, essere pronta a fare cosa?

Ad accogliere lo stimolo che lei dolcemente mi presenta per diventare capace, capace di fare cosa? Di imparare, di esplorare di mettercela tutta per riuscire. Cosa mi ha permesso di vedere tutto questo? Me lo ha permesso intanto l'osservazione avere scoperto chi sono, poi il grande desiderio di rinnovarmi e di godere del momento che è l'unico momento in grado di farmi rimanere qui.

L'importanza del ribaltamento è sviluppare passo dopo passo, quella capacità che ci permette nel disordine che incontriamo dentro noi stessi, di riordinare nel modo che sentiamo più utile per noi e per l'insieme. In seguitoci accorgiamo che per giungere lì dove vogliamo andare (e questo lo scoprirai man mano che ti metti in gioco) che ribaltare e risistemare nell'ordine da noi desiderato, bramato, richiede costante miglioramento, lo stesso ti permette di raggiungere l'obiettivo, cioè noi stessi sempre meglio del meglio che rappresentiamo, come una casa che nel tempo va costantemente ristrutturata e rinnovata.

Il lavoro interiore non finisce mai perché tutte le volte che mi scopro di avere raggiunto un risultato di maggiore sviluppo e crescita per la mia vita, ecco che tutto dentro me si riorganizza e mi dice adesso avanti tutta a compiere il prossimo passo. Accade anche, che senti una vocina dire "dai tutto sommato non è male hai raggiunto questo anche se ti fermi" poi quando decido che strada prendere una volta incontrato il bivio interiore, scopro di scegliere ciò che è davvero utile, a questo punto avverto un dialogo interno diventato ripetizione, che mi ricorda come posso fare ancora meglio del meglio che ho potuto incontrare. Si presenta e fa sentire dentro me una gioia infinita, perché capisco con maggiore profondità l'importanza dell'eccellenza, che come dice il mio mentore, è un modello a tendere.

Cosa si intende quando parlo di modello a tendere? Arrivati a questo punto per quanto riguarda il ribaltamento posso aggiungere che l'obiettivo per diventare ciò che vogliamo deve essere collegato all'osservazione, accorgersi e vedere chi e cosa siamo, prendere nota di noi stessi e di come funzioniamo, dettagliare i nostri processi interiori per poi definire con maggiore chiarezza, come e cosa vogliamo divenire, da giungere così a manifestare appieno la persona che ho desiderato fino a quel momento e infine fare il passo successivo, che mi spinge a migliorarmi ancora di più.

È bellissimo scrivere e sapere che tu mi stai leggendo, perché in questo momento condividere le mie esperienze con te e fartene dono mi riempie il cuore di immensa gioia e sai perché? Perché da quando ho cominciato a scrivere ho sentito immediatamente dentro me la rivoluzione. Allo stesso tempo è bello sentire che il desiderio di condividere è più forte di ogni rivoluzione interiore e della paura che si presenta.

Perché succede? Perché questo passo di andare oltre quindi condividere con te, non mi lascia proprio tranquilla infatti prova ad immaginare tutte quelle vocine che intervengono nonostante il mio allenamento e mi dicono: "Cosa stai facendo? Ma scherzi? Cosa penseranno gli altri di te della tua storia?"

Hai presente la narrazione? Sì, sento proprio questo, e guarda nonostante tutto, ancora una volta queste vocine vorrebbero disturbarmi per non farmi incontrare lo sconosciuto (che poi abbiamo scoperto che tutte le volte che decido di incontrare ciò che non conosco, incontro la ricchezza del nuovo punto di vista) ecco che decido e lo incontro, mettendoci tutta me stessa con tutte le mie paure. Incontrare lo sconosciuto significa imparare a conoscermi in una condizione nuova e scoprire che posso fare anche questo. Ricordi? Non perdo mai, o vinco o imparo.

Sai mi sento così che sono pronta a fare il passo successivo condividendoti il mio libro con le mie esperienze e la mia storia, per poter così finalmente manifestare quanto questo lungo lavoro su me stessa, applicandolo, mi ha insegnato facendomi vedere come ti dicevo prima, l'importanza di accrescere ancora di un pezzettino, portando alla luce ciò che ha fatto davvero la differenza nella mia vita. Questa differenza è stato il fare, si l'applicazione, andare oltre verso ciò che porta al bene di se stessi e al bene dell'altro, questo agire è l'unico vero, reale, strumento che ci salverà.

Caro lettore quando ci accorgiamo che stiamo facendo bene il nostro lavoro su noi stessi lo capiamo, e lo riconosciamo perché costantemente una voce interiore che io chiamo voce guida, ti chiama per spingerti ancora avanti, soprattutto oltre e la riconosci.

Accade tutto questo soprattutto quando senti l'attrito perché quella voce, la parte migliore di te, sa benissimo quale luogo vuole farti frequentare nell'attrito. Ti fa incontrare nuovamente il ribaltamento (disordine) per ordinare ancora meglio, con un punto di vista ancora più ampio di quello precedente che ti ha fatto crescere, ed è grazie a quel punto di vista che in te tutto spinge per andare ancora ed ancora oltre.

Aggiungo chela bellezza di questo lavoro non ha fine, raggiungi un gradino e diventi pronto per salire al successivo, solo che come tutte le cose lo sconosciuto ci spaventa, nonostante per arrivare fino lì lo hai già incontrato, sperimentato e hai imparato, diventando questo sconosciuto parte di te. Poi allo step successivo ti ritrovi a ripetere i passaggi, e non sarai stanco, anzi sarai felice di compierli, perché sai con certezza che il nuovo passo ti porterà a scoprire quanto ancora tu puoi divenire.

Quando parlo di essere felice intendo proprio come già sottolineato, entrare in contatto con quella parte di teche tende a migliorarti perché tu hai riconosciuto quella possibilità e fai dono a te stesso di questo contatto. Questo contatto produce energia nuova, viva, ti fa sentire capace di migliorare la tua vita, e di conseguenza ne trai beneficio, godendo di questo anche tutti coloro che sono intorno a te.

Abbiamo approfondito quanto è importante rimescolare le carte della nostra vita, intendo dire concetti preconfezionati, giudizi, maldicenza, per imparare a vedere la vita stessa da un altro punto di vista che permette di mettere ordine dentro di noi e creare la vita che vogliamo, diventando testimoni e manifestazione di questa possibilità.

Quando ci mettiamo nella condizione di condividere con noi stessi e con l'altro queste scoperte realizzate, grazie alle esperienze concrete, diventate un risultato meraviglioso per la nostra vita, ecco che scopri con maggiore certezza che in tutto questo risiede la felicità. Per essere felice senti come i bisogni di cui siamo circondati perdano un po' di quel valore datogli finora e avverti che l'unico bisogno reale per diventare felici, è decidere di esserlo. Per decidere di essere felici è necessario diventare coscienti che solo tu puoi scegliere di farti abitare dalla felicità.

"La vera felicità risiede nella capacità di vederti migliore attimo dopo attimo".

La felicità è quell'energia che nasce quando dentro te racconti che ti è possibile riuscire in tutto ciò che desideri e questo può accadere, grazie alla semplice evidenza di essere qui in questa meravigliosa vita che ci accoglie per farci fare esperienza e divenire migliori, per riuscire poi a produrre quel miglioramento anche fuori da noi verso la vita stessa, la gente che incontriamo e verso tutto ciò che ci chiama a contribuire, perché siamo parte di questa esperienza.

RIEPILOGO DEL CAPITOLO 4:

- SEGRETO n. 1: il silenzio ferma l'inutilità per ricercare cosa serve davvero in quel momento.

- SEGRETO n. 2: ribaltamento, come posso creare, posso *discreare* senza per forza distruggere, cioè mettere nella giusta sequenza le azioni, parole, pensieri che portano a migliorarci.

- SEGRETO n. 3: lasciare andare vuol dire creare spazio quindi maggiore lucidità per accogliere altro.

- SEGRETO n. 4: silenzio, "fermati" uguale no reazione si interazione, la reazione porta guerra. Il fermarsi ti permette di applicare i nuovi punti di vista colti.

- SEGRETO n. 5: partire da me è centrale perché diventa manifestazione per l'altro del tuo risultato. Diamo il giusto significato alla parola ribaltamento perché come un'onda poderosa potrebbe essere distruttiva, ma se riconosciuta la sua forza che può essere anche ben orientata, diventa per noi carburante per giungere a destinazione.

Capitolo 5:
Il progetto più grande 1 e 2

Ora vediamo insieme da dove partire e realizzare cosa è davvero importante. Pensaci, ognuno di noi parte dall'origine, mamma, papà, fratelli, sorelle, zii, zie, nonni, nonne. C'è chi nasce in un contesto apparentemente negativo e chi nasce in un contesto apparentemente positivo, chiaro che questo contesto permetterà ad ognuno di noi di sviluppare la propria creatività. In base alle influenze ricevute tu crei la tua identità, quindi realtà.

Metodo - strumenti: capacità di ognuno di noi di volercela fare a tutti i costi. Ognuno di noi ha dentro sé questo fuoco che purtroppo nel tempo se non nutrito rischia di spegnersi. Ricordi? Condividevo prima l'importanza di narrarsi ciò che si vuole davvero, è di questo fuoco che parlo. Perché dico non nutrito? Perché purtroppo presi da tutti i nostri impegni che fanno parte del quotidiano non riusciamo a stare con ciò che è davvero importante per noi cioè noi stessi. Questo ci impedisce di rimanere in contatto con quella parte che tutti i giorni ci chiama e ci ricorda quanto siamo importanti, dove purtroppo ascoltiamo poche volte questa voce interiore che desidera la nostra attenzione. Condivido questo perché nel tempo mi sono accorta come è facile dimenticarsi il perché sono e siamo qui, il perché della mia origine, il perché del dono che mi è stato fatto che è la vita.

Dono, osservazione, attenzione, ascolto, silenzio fanno parte della nostra natura ma ci siamo dimenticati della sua importanza e del suo valore, se solo imparassimo grazie anche a questi strumenti a sintonizzarci con lei ed ascoltarla cambierebbe la nostra direzione e andrebbe la dove vorremmo. Il nostro cuore custodisce questo tesoro che ascoltato, come già condiviso, ci permetterebbe di intensificare il lavoro su di noi per raggiungere la parte migliore e manifestarne le capacità.

Come nasce tutto questo? Grazie alla domanda. Quale domanda? Come detto prima, tutte quelle domande che vanno oltre alla domanda conosciuta. È quella domanda che sorge tutte le volte che riesco a portare attenzione a me stessa, chiedendomi: "come posso incontrare il dono che la vita mi ha fatto?" A questa domanda nasce la risposta: fermati un attimo. Sì fermati perché tutto in te è orientato fuori, a risolvere tutte quelle sollecitazioni che arrivano e che non fanno parte della giornata da me organizzata. Allora una volta accorta di questo ecco che desidero entrare in contatto con l'osservazione, l'attenzione, l'ascolto e il silenzio, mi fermo, mi guardo, mi ascolto ed entro in contatto con ciò che il mio mondo interiore ha da raccontarmi.

Come accade? Seguendo l'applicazione che viene prima di produrre osservazione, quando osservo sto già facendo applicazione, questo mi permette di iniziare un piccolo grande lavoro su di me che è la rieducazione di tutte quelle parti che riconosco grazie all'osservazione migliorabile. Divenire capaci di produrre osservazione, attenzione, ascolto e silenzio parte grazie all'applicazione, un piccolo fare che mi mette nella condizione di migliorarmi.

In sintesi mi fermo - osservo - ascolto - sto attento a ciò che vedo, sento e tra le tante risposte cerco di cogliere la risposta più adeguata e applico che cosa? Quell'azione utile a quella situazione. L'obiettivo della rieducazione di noi stessi è questo: riuscire grazie a questa metodologia a divenire costantemente nuovi a noi stessi, per manifestare dentro e intorno a noi quella capacità che naturalmente ci appartiene, ed è la capacità di produrre cambiamento, che ci vede esattamente come vogliamo essere per noi e di riflesso per l'altro.

Nella mia esperienza, per fare questo faccio utilizzo anche di un'altra pratica che mi aiuta tantissimo, ed è il potermi dire quindi torniamo al dialogo, narrazione con noi stessi una frase cioè: "mai più così" dico basta e mi fermo. Fermandomi mi vedo e vedendomi mi miglioro. Trasformo l'energia di quella situazione che rischiava di trascinarmi in un'emozione poco utile, in un meraviglioso respiro lento e profondo.

Faccio salire di livello questa energia, vedo con più chiarezza e oriento quei pensieri trasformandoli nella direzione da me voluta. Mai più così. Dico questo perché immagino e sento che ti è successo a volte di essere in una situazione dove le tue azioni non davano la risposta corretta a quella situazione, anzi producevano un dolore a te e all'altro, portando così un risultato non utile a te e alla sua vita. Ecco perché il "mai più così".

L'applicazione cioè il piccolo fare sento con tutto il cuore che è lo strumento che ci salverà, perché per produrre la differenza e sentire con tutti se stessi che è possibile usare un'altra strategia (risposta) mi fa stare meglio e di conseguenza l'altro sta meglio.

Il progetto più grande

Da cosa nasce il desiderio di tutta questa condivisione? Nasce grazie all'esperienza fatta su me stessa e nella famiglia che, come dicevo precedentemente, ha migliorato gli aspetti del mio vivere giorno per giorno. Infatti il progetto più grande vuole essere la condivisione dei miei piccoli che poi si trasformano in grandi successi per me, per la mia famiglia e per tutte quelle persone che incontro quotidianamente. Per "successo" chiaro che non intendo la notorietà, piuttosto il reale significato etimologico della parola stessa, ovvero fare accadere le cose.

Questo è ciò che ci accade costantemente tutte le volte che ci mettiamo in una condizione di maggior consapevolezza, cosa intendo? Intendo che quando il nostro orientamento è nel fare, quindi abbiamo chiaro il progetto, cioè un fare che genera grandi risultati, diveniamo indirettamente noti al mondo che ci contiene e lo stesso ti chiede "come fai o come hai fatto?".

Allora senti con chiarezza che stai facendo accadere ciò che hai desiderato tanto e comincia a diventare manifestazione, portando così ad accorgerti che ci sono due mondi, quello curioso, che prende il dato e si blocca, perché "troppo difficile, ho paura, non conosco..." e quello fattivo che invece vuole entrare in profondità per ottenere il tuo stesso risultato, perché riconosciuto possibile. Questo risultato possibile, diventa fattibile in qualsiasi campo della vita perché, ci sono regole universali che applicate portano sempre a fare centro: *"Io non perdo mai o vinco o imparo"* cit. di (Nelson Mandela).

Condividendo con te la mia esperienza un altro strumento utile e che funziona nella mia vita è il complimento, come accennavo precedentemente, partendo da me da ciò che sono e da ciò che posso divenire. Sì, perché nel momento in cui mi sono ritrovata a trasformare il mio linguaggio interiore passando da "è difficile per me a posso farcela perché ho tutte le capacità" questo strumento mi ha permesso di fare il salto e ho cominciato anche a celebrare ogni micro-successo sottolineandomi "ecco, vedi che sei brava e riesci? Che hai le caratteristiche per raggiungere ciò che è importante per te?".

realtà ci si sta trovando e sai perché? Perché il vero e più grande riferimento sei tu.

Qualsiasi cosa tu faccia nella vita la cosa più importante sei tu, proprio perché incontri la possibilità di stabilire per te e solo per te cosa vuoi davvero. Quando incontri la mancanza dei riferimenti senti sorgere dentro te la domanda: "perché faccio questo o perché faccio quello?". Ecco perché: se senti questo muoversi dentro te, allora scopri la bellezza di avere un punto di partenza. Invece se preso nel turbine del tuo quotidiano non senti queste domande semplicemente perché hai difficoltà a fermarti.

È più difficile ascoltarsi e a questo punto vedi passare la vita e senti come un vuoto. Ti è mai successo di sentirti vuoto? Che fai un sacco di belle cose ma non ti senti pienamente soddisfatto? Sai perché questo accade? Accade semplicemente perché non ti sei fermato un attimo ad ascoltarti.

Ciò ovviamente non significa non avere domande, significa non avere avuto il tempo di sentirle. Quindi è la convinzione di non avere tempo che ti fa sentire come le cose, la vita proseguano il loro percorso senza il tuo intervento, da ritrovarti a fine giornata che hai fatto tante cose ma non sai il perché di tutti questi impegni, sicuramente importanti ma non centrali rispetto a ciò che vuoi davvero.

Ti sei mai trovato in questa situazione? Dove ti senti svuotato, fai tante cose ma senza lasciare una traccia di questo fare? Molto spesso sento che faccio tante cose da passare settimane, mesi e arrivare a un certo punto che quando mi ricordo la possibilità di fermarmi, ecco che vedo chiaramente quanto è impegnativo lasciare una traccia concreta del fare, cosa intendo? Intendo che sento con grande forza che quando riesco a raggiungere risultati in qualsiasi campo della mia vita gli stessi diventano non solo il frutto del mio successo, anche il successo dell'altro perché condivisibile.

Questo è ciò che significa per me il progetto più grande, il progetto più bello e meraviglioso che ci possa essere e cioè tu. Andare a lavorare su di te per manifestare i potenziali nascosti, ritrovarli e nutrirli questa è la parte migliore che ci aspetta per rispondere alla bellezza di questo dono che è la vita, un'avventura tutta da godere e vivere.

Il progetto più grande 2

Tutto quel che ho descritto nei capitoli precedenti ha un unico obiettivo: rendere l'altro partecipe di questo progetto. Ricordi il concetto di partecipe? Essere parte. Il significato importante che ha per me questo titolo "Il progetto più grande 2" è sapere che posso raggiungere più persone come te, che mi stai leggendo, per poter fare dono della mia esperienza, perché non posso tenere solo per me e la mia famiglia l'esperienza fatta e che sto facendo, ma sento nel cuore che è tempo di condividere questa possibilità e renderla ripetibile per vedere più persone che agiscono per un bene comune: la Vita.

L'obiettivo sia per me, per te che per noi è fare sì che questa possibilità condivisa con più persone produca continuità, da diventare capaci di portare il dono cioè scoprire chi siamo grazie all'osservazione, grazie ai dati raccolti di noi stessi. Scoprire, che possiamo fare ancora meglio e diventare capaci di migliorare noi stessi e la vita.

Ti porto un esempio concreto. Sicuramente anche tu avrai avuto modo di incontrare i modelli. Sono quelle persone che riescono a produrre costanti trasformazioni nella loro vita e vengono definite appunto "modelli". Coloro che ti fanno sentire che è possibile portare risultati nella propria vita. Hai avuto modo qualche volta di incontrarli? E sentire quanto sono capaci di raggiungere risultati per la loro vita, avere l'occasione di condividere con loro e osservare, che sono uomini che fanno accadere le cose? Senti proprio che sono dei modelli? Se sì, cosa ti fa sentire che potrebbero esserlo per te?

Personalmente mi è successo di vedere come prima cosa che queste persone hanno una capacità, ed è quella capacità di rinnovarsi e migliorarsi costantemente e osservandoli attentamente ti accorgi che la loro vita è una vita impegnativa come la mia la tua, vivono lo stesso fallimento la stessa sconfitta. Questo ti porta a pensare a me succede così, che vorresti avere le loro capacità perché riconosci quanto puoi imparare da loro. Dico questo perché quando mi sono trovata a condividere con persone di questa sostanza e di questo spessore, ho riscontrato immediatamente la loro forza e capacità e rimango sempre affascinata dal loro modo di fare.

Guarda, sto parlando di persone che hanno un livello di vita più soddisfacente rispetto la mia non in affanno come a volte mi sento nel mio vivere. Ti danno chiaramente quella sensazione di libertà che non hanno preoccupazione del domani e nemmeno di ciò che accaduto ieri. Questo non significa che non hanno paure, anzi. Questo significa che incontrano la paura come me, te, ciò che fa la differenza in loro è di non essere preda della stessa, piuttosto di riconoscerla e gestirla perché sanno che è possibile andare oltre, oltre a ciò che in quel momento li blocca, appunto la paura.

Questo ovviamente accade nella misura in cui noi abbiamo paura, perché ognuno di noi ha le sue paure e appena riconosciute si ha la possibilità di superarle senza pensare "è piccola o è grande". Non ha segno, è la paura la mia. Ognuna ha la sua misura, intensità e mi impegno a superarla per vedere oltre alla stessa cosa c'è.

Eh già. Ti condivido questo perché noi come questi grandi uomini di successo abbiamo le nostre da superare e loro come noi hanno le loro. La misura non cambia, ciò che cambia è ciò che io sono in quel momento, ne prendo atto senza giudizio e parto per il mio cambiamento personale, i miei miglioramenti personali, i miei superamenti per raggiungere ciò che desidero veramente.

Aggiungo caro lettore a questa condivisione che tornando ai modelli, anche loro che sono grandi uomini vivono la sconfitta, il fallimento e la loro capacità di rinnovamento dipende dalla capacità di gestire la paura. Sei d'accordo con me che la paura del fallimento regna sovrana? Noi prima del fallimento dobbiamo lavorare sulla paura. Perché è quando incontri questi uomini straordinari e senti con forza le loro caratteristiche di successo, che avverti di volere diventare almeno un pochino come loro.

A questo punto si presenta davanti a te (a me è successo più volte) la famosa paura che ti impedisce di farti fare quel passo, cioè avvicinarti al modello per capire come puoi applicare anche tu quelle capacità, da poter così entrare nella dimensione a te sconosciuta, entrare in contatto con la parte migliore di te e vedere di poter potenziare caratteristiche che già hai senza sentirti di meno o di più di colui che ha capacità maggiori, perché senza giudizio, critica nei tuoi confronti e nei confronti del modello, entri in contatto con quella dimensione, con quello spazio che ti permette di essere migliore.

Perché dico questo? Perché ciò che riscontro spesso è come tutte le volte che riconosco qualcuno migliore di me, la prima risposta alla domanda che sorge è: "lui ha le caratteristiche, lui ha capacità, è portato ecc.". Ti vedi nel dire questo? Vedi il tuo dialogo interno? Si tratta sempre di questo: fare quel passettino in più che mi permetta di essere di più, perché desidero e sento che posso fare questo per me stesso perché mi amo, e dove c'è amore c'è abbondanza e dove c'è abbondanza c'è scelta, scelta di quelle risposte e soluzioni che mi migliorano e migliorano il mondo intorno a me.

Quando non stiamo attenti al nuovo che incontriamo ecco che ci spaventiamo e cosa accade? Accade qualcosa che io chiamo, come descrivevo, prima "il blocco". Il blocco perché senti arrivare un pensiero che colto immediatamente ti suggerisce "no non sarò mai come lui per me è difficile". La differenza tra me e lui riconosciuta mi paralizza, non permettendomi di mettermi nella possibilità di conoscerlo per poter così imparare a sviluppare una nuova capacità e scoprire che posso offrire la mia capacità.

Quando mi accorgo e riconosco che mi sto negando alla possibilità, alla bellezza di fare un passo verso colui che può venirmi in aiuto per migliorarmi, sento di avere perso un'occasione. Occasione di cosa? Di migliorarmi. Sì perché in questa possibilità di aprirmi andando verso di lui, scopro il mondo dell'altro con tutte le sue capacità e ho la possibilità di condividere con lui il mio mondo.

Questo scambio si chiama relazione, e vuol dire entrare in contatto con l'altro e insieme a lui espandere le mie e le sue capacità. Vedi qui non c'è "lui sa più di me, è più preparato di me ecc.", qui avviene lo scambio ovvero io posso imparare da lui riproducendo le stesse qualità con la mia modalità lo sostengo portando risultati nella mia vita, confermando a me stessa che è possibile imparare dai modelli.

I modelli ti nutrono, tu li sostieni. Perché ho voluto aggiungere questo? Perché desidero dettagliare e approfondire il mio vissuto e ciò che vivo, con l'obiettivo che possa essere ripetibile, come dicevo prima, quando è ripetibile nasce la conferma che sono sulla strada giusta.

In tutto questo mi entusiasma tantissimo la voglia che ho di imparare continuamente per migliorare costantemente e diventare ciò che voglio esprimere davvero a me stessa e alla meravigliosa vita che incontro tutti i giorni, come le persone che ne fanno parte, le cose e la vita stessa che genera costantemente il mondo che ci circonda.

Può sembrare presuntuoso, questo è il mio sogno, poter contribuire portando ciò che conosco e nella condivisione scoprire quanta ricchezza posso dare e quanta ricchezza posso ricevere. Grazie al superamento del limite che impedirebbe di andare oltre e incontrare la parte migliore di me.

Ora voglio farti una domanda. Ti chiedo: "ti è mai successo di vivere un'esperienza profonda, chiara, nella quale hai sentito con tutto te stesso di essere nella verità, di averla percepita perché ti sei scoperto capace di viverla appieno e volere condividere con il mondo questa perla preziosa? Se sì, ti dico una cosa, anche io provo questo tutte le volte che mi scopro capace. Scoprendomi capace, desidero condividere con l'altro quanto ho ricevuto da questa rivelazione, dettata dall'osservazione e sempre dal desiderio di migliorarmi.

Infatti aggiungo che scrivere il libro dipende molto da questa voglia di vivere nella continua ricerca, dove da 18 anni mi questiono spesso. Ricerco costantemente la motivazione il significato della mia vita e del mio essere qui in questo tempo.

La domanda che spesso mi sorge è come posso io partecipare a questo insieme che si chiama vita? Alla domanda mi sono risposta che partecipare ha già in sé la risposta, ricordi? Significa essere parte, infatti se ci guardiamo attorno essere qui significa appunto partecipare, esserne parte, ecco che scopro il significato profondo della domanda e sento con forza che io sono una parte di questo grande insieme, l'importanza della domanda quando fatta bene, rivela in sé la risposta.

Questa è una parte importante perché responsabile del nostro fare di tutti i giorni nel piccolo o grande agire. Ricordi? Parlavamo del dono, di questo attimo che stiamo vivendo che è custodito nello scrigno del nostro cuore. La vita ce lo ha regalato e abbiamo la responsabilità di utilizzarlo per noi e per l'altro. Dico responsabilità perché non dobbiamo sottovalutare l'occasione che ci è stata data, essere qui e aggiungoche ciò che scrivo ha come unico scopo la condivisione con te di idee e strumenti che mi hanno trasformata, cambiata e migliorata.

Questo condiviso con te diventa per me, per noi, valore aggiunto ci dà la possibilità di portare insieme questo dono e fare scoprire anche all'altro che ce l'ha custodito esattamente lì nel suo cuore, purtroppo dimenticato. Serve anche per ricordarci quanto ancora possiamo fare per migliorare la nostra vita insieme alla vita dell'altro.

Fatto l'esempio dei modelli, ora facciamo un altro passaggio: come posso migliorare quello stato interiore che chiamerei uno stato di confusione, disarmonia, che non mi permette di fare ciò che voglio davvero? Un'altra domanda importante per il cambiamento: "come posso non farmi distrarre dalle continue sollecitazioni che la vita mi propone? Ricordi? La vita ti sfida ti mette alla prova facendoti incontrare anche sollecitazioni periferiche per dimostrare a te stesso se ti stai spostando da ciò che è centrale. Infatti la distrazione è un punto di partenza fondamentale perché mi porta via da quello che è davvero il mio obiettivo.

La distrazione, mi allontana da me stessa rischiando di portare l'attenzione ad essa, perdendomi ciò che è centrale cioè io in quel momento. Quando succede e me ne accorgo, ecco che mi fermo e mi chiedo: "come posso fare si che io rimanga concentrata orientando le mie energie in ciò che desidero fare davvero ora? Qui grazie alla domanda e all'osservazione che produco dopo essermi fatta la domanda stessa, sento quanto posso scendere in profondità dentro me, in contatto con la parte migliore dove mi raggiunge un nuovo punto di vista, una nuova possibilità non accolta prima, permettendomi di incontrare una risposta adeguata alla domanda e sentire di poter vivere quel momento in armonia con la risposta intuitiva raggiunta.

Porto un esempio dove sono certa ti sarai trovato più volte ed è un esempio riferito al lavoro dove passiamo più spesso il nostro tempo. Al lavoro si ricevono indicazioni per svolgere determinate attività, mettendomi all'operami sono accorta che svolgevo quelle attività, seguendo le indicazioni date senza chiedermi come potevo contribuire per svolgere al meglio il compito richiesto. Sentivo a un certo punto nascere la domanda grazie sempre all'osservazione e la domanda fu: "come posso svolgere questo compito in modo che porti un risultato concreto e soddisfacente a me stessa e all'azienda? Facendo in modo che il risultato diventasse un risultato voluto dall'azienda e sentito anche da me? Queste per me sono state domande fondamentali che hanno cambiato la mia vita e la vita di chi incontravo, perché ricordi? Esserne parte comprende anche il lavoro dove io posso portare tutte le mie esperienze contribuendo anche con il collega, il capo reparto, accogliendo il loro punto di vista e la loro esperienza costruendo così un modo di lavorare che porta un risultato di vantaggio per me e l'azienda, quindi l'Insieme.

Perché ti invito a considerare anche il lavoro e queste domande? Perché per me era il luogo che frequentavo più spesso ed era importante essere felice nonostante non avessi scelto i colleghi, l'ambiente e il capo.

Quindi produrre risultati produttivi eccellenti grazie al mio contribuire mi dava una sensazione di benessere forte, dove avevo anche la possibilità di diventare riferimento e scoprire poi la bellezza che un collega a me poco simpatico potesse in realtà rivelarsi una persona piena di valori e simpatia, soprattutto scoprire grazie alla famosa dichiarazione che anche io non gli ero proprio simpatica, e percepire un pensiero importante che mi ha svelato la realtà cioè : "guarda Annalisa che il mondo non gira proprio intorno a te".

Lasciare andare la convinzione che il problema è l'altro e sentire che in realtà il problema in qualsiasi ambito sia, quando funziona o non funziona, è soprattutto mio, questo è stato per me un altro passaggio fondamentale. Infatti, mi ha restituito nel tempo risultati straordinari che hanno permesso di vivere bene quell'ambiente, quelle persone che tra l'altro come detto prima non mi sono scelta e soprattutto vivere quel tempo in piena armonia perché pronta a condividere con l'altro la bellezza del momento che passiamo insieme.

Quello che posso confermare è che quando diventi capace di relazionarti anche con colui che non rientra nelle tue caratteristiche, entri in contatto con quella parte di te che si scopre capace e scopre che davvero tutto è possibile; stare bene e fare stare bene l'altro era diventato per me un obiettivo importante.

Questi caro lettore sono esempi concreti fatti sulla mia pelle e se ti metti con tutta sincerità a guardare la tua vita, ti chiederai: "come mi sono posizionato in questa situazione? Sto facendo proprio tutto bene? O posso fare meglio? E se posso fare meglio quali azioni farebbero davvero la differenza per me e per il contesto in cui mi trovo?". Perché poi è importante non fermarsi su se stessi ma fare sì che questo si rifletta sul contesto del momento, per produrre un risultato vincente per tutti.

Non voglio darlo per certo, ma ciò che ti posso dire è che queste domande se fatte con l'intento di conoscerti cambieranno tutte le idee e convinzioni che hai di tee soprattutto ti si presenterà una nuova visione di te stesso sentendo con maggiore profondità quanto ancora puoi fare.

Ripeto, non voglio dare per scontato che sia così, desidero solo invitarti a farne esperienza rispondendo alle domande e facendo il reale punto nave di chi sei tu e cosa vuoi davvero per te che sei la persona più importante da prendere in considerazione prima di tutti gli altri.

Cosa mi ha permesso di produrre questo risultato? Il grande desiderio di creare un punto di incontro tra me e l'altro. Come accadeva? Accadeva e accade grazie al fare bene le cose e il segreto di questo è sempre fermati, datti la possibilità di capire cosa viene richiesto dal contesto, dalla vita, in questo caso dal lavoro, dalla coppia, dall'amicizia, dalla collettività in modo che nasca la possibilità di dare una risposta nuova rispetto la solita risposta, cioè sollecitazione e reazione. La reazione causa spesso un possibile errore (e più volte mi sono vista cadere nell'errore) a causa di una risposta veloce.

La scoperta più bella che ho fatto è come se qualcosa arrivi per aiutarti, creando uno stato di benessere a te e all'altro. L'altro sentendo questo benessere ti restituisce la bellezza di stare insieme e senti che insieme si crea un momento di lavoro intenso un'energia che permette di lavorare bene senza sentirsi nella critica, nel giudizio, perché oltre che essere una collega nel mio caso, diventa parte di te, ed è li per raggiungere l'obiettivo con te.

In pratica ti senti parte di quel progetto, l'altro si sente parte dello stesso ed ecco che si raggiunge il risultato voluto. Noi siamo felici perché siamo lì a lavorare per raggiungere anche l'obiettivo dello stipendio che è ciò che ci serve, e inoltre raggiungiamo l'obiettivo aziendale richiesto. Ricordo che chi occupa ruoli più alti sono persone come me, te e occupano quel ruolo perché devono portare i risultati aziendali.

Se io mi metto nella possibilità di dichiarare anche alla azienda quale è il mio intento quindi raggiungere gli obiettivi richiesti e impegnarmi per questo, ecco che l'azienda si ricorda di me da ricontattarmi per nuove posizioni. Ti dico questo perché ho vissuto anche io momenti importanti dove avevo contratti a termine, quindi la possibilità esiste (questo nella mia esperienza) nel momento in cui mi metto nella giusta posizione che è "ho preso un accordo con te e lo porto a termine con tutte le risorse che ho e tu azienda ti adoperi per fare lo stesso". Nel tempo grazie a questo dialogo diretto e sincero con l'azienda a fatto si che lei si ricordasse di me.

Cambia proprio l'approccio e il modo di lavorare senza avere paura dei superiori, anzi riconoscerli con l'intento di fare capire che anche tu sei importante perché porti avanti i progetti aziendali con il tuo operato. Non ci crederai caro lettore, per superare il limite del "chissà se sceglieranno me, io ho sempre dichiarato alle aziende la mia posizione chiedendo a loro di fare lo stesso". Ecco che di nuovo salta fuori il segreto, la dichiarazione. Cioè dichiarati.

È stato importante condividerti questa esperienza nel dettaglio perché ciò che riscontro costantemente è che oggi purtroppo incontro poche persone a cui è chiaro il perché deve lavorare, infatti la domanda successiva da farsi non è il perché devo ma "in questo momento cosa è utile per me tanto da fare sì che si realizzi ciò che mi serve?".

Ormai sappiamo tutti che se non ho trovato una passione comunque è necessario lavorare per vivere, quindi cosa è utile per me? Magari scoprire che posso lavorare di più su di me grazie a questa domanda, sentire che ciò che è utile è cambiare vita. Da qui poi farai le tue esperienze rispondendo alle domande e sentirai davvero se entri in profondità, intimità con te stesso, cosa è davvero importante per te.

Un altro esempio che coinvolge una sfera delicata della mia vita è la famiglia, dove ho potuto e posso sperimentare tutti i giorni "il fermati, grazie ai miei figli. Un momento importante che vivo spesso con loro è il momento dove devo accompagnarli a scuola. In quell'occasione ho la possibilità di condividere con loro ciò che vivono durante la loro giornata scolastica.

Cosa succede in quel momento? Accade che siamo in ritardo per l'ingresso a scuola e io cosa mi aspetto da loro? Mi aspetto che abbiano la capacità di arrivare a scuola senza discutere o lamentarsi e da me, mi aspetto che non arrivo in ritardo al lavoro perché poi io dovrei discutere con il mio responsabile.

Cosa succede? Succede che loro entrano a scuola purtroppo infelici perché il momento del saluto con la mamma è veloce, la loro attitudine diventa "lo devo fare", lo fanno ma intanto pensano "sì però la mamma mi manca, non ho fatto quello che la mamma si aspettava da me ecc." nel tempo ciò che ho imparato grazie ai miei ragazzi è che quando non fai bene le cose con loro, i bambini pensano che è colpa loro se mamma e bambino non sono felici.

In questo caso per loro il saluto è tutto e se avessi portato maggiore attenzione a questo momento delicato avrebbe dato maggiore sicurezza, portando anche risultati migliori a me stessa.

Nel tempo avere capito e compreso questo passaggio importante grazie sempre a "fermati" e chiedermi come avrei potuto fare meglio anche in questa situazione, riscopro che posso nonostante il ritardo, dedicare quell'attimo; un minuto in realtà essendo già in ritardo non mi cambia la vita, ma cambia la vita a loro producendo maggiore felicità a tutti noi senza rischiare nulla, perché insieme scopriamo quanto la felicità sia uno stato che dipende non da ciò che c'è fuori, quindi cosa pensano gli altri ma dalla decisione che prendi e senti utile da attuare in quel momento.

Godere di quell'attimo che ti rende presente con l'altro, in questo caso con i miei figli, dà come risultato una felicità interiore che fa brillare di luce la nostra giornata, portando risultati anche a chi incontro; nel mio caso i colleghi nel caso dei miei figli i compagni, le maestre, i professori. Un benessere totale rivolto a tutti con cui entriamo in contatto. Ecco che si evidenzia un altro passaggio, cioè io posso impegnarmi dichiarando e condividendo con i miei figli l'importanza di essere puntuali con noi stessi e con la vita che là fuori ci attende.

Perché possiamo essere puntuali? Perché questo ci dà la possibilità di entrare con meno fatica in contatto con noi e con quell'abbraccio, quel saluto, che farà la differenza nella nostra giornata rendendo felice anche l'altro per la nostra puntualità, e per la capacità di farci trovare pronti a rispettare l'accordo preso. Io con il lavoro, loro con la scuola. Tutto questo accade con la Dichiarazione e spiegando a noi stessi l'importanza di fare ciò che è utile per il benessere di tutti oltre che per il nostro.

Ecco che il dirsi le cose ci aiuta a raggiungere l'obiettivo importante. Inoltre ci siamo anche detti: e qui entra l'idea della flessibilità, no rigidità, se dovesse succedere ancora qualche volta di fare tardi ci prendiamo e viviamo comunque il nostro momento ricordandoci il nostro impegno. Perché comunque ci prendiamo il minuto nonostante il ritardo? Perché siamo fiduciosi del nostro miglioramento soprattutto sappiamo che in questa situazione abbiamo fatto tutto ciò che era possibile per mantenere l'accordo.

A volte si incontrano circostanze che non puoi calcolare e quindi sperimentare, in ogni caso il ritardo di quel momento ci ha dato la possibilità di fermarci un attimo, capire dove potevamo fare meglio, impegnarci per questo meglio permettendoci di stare bene e scoprire la bellezza che nonostante la mancanza dell'accordo in realtà non esiste un motivo per arrabbiarsi o lasciarsi di fretta rischiando di affrontare poi la giornata con malumore.

Mi sento di ringraziare la vita perché tutte le volte che mi metto nella condizione di farmi la domanda: "cosa posso migliorare in questa situazione?" e poi fermarmi a guardare la situazione stessa, scopro che la vita mi viene in aiuto e mi dà la possibilità di acquisire un nuovo punto di vista per compiere nuove azioni.

Un altro esempio che riguarda sempre i miei ragazzi sono quei momenti quotidiani della vita scolastica che non vanno nella direzione che vorrebbero, o magari hanno discusso con un amico, oppure hanno difficoltà ad accogliere una modalità dell'insegnante che non rientra nelle loro corde ad esempio urlare, o con me dove abbiamo difficoltà nel condividerci e nel capirci. Mi rendo conto come posso grazie all'osservazione e al fermarmi, quanto l'ascolto e l'attenzione verso al contesto aumentino, da permettermi di capire ciò che quel contesto mi sta dicendo.

Nel caso dei miei figli mi confronto chiedendomi e chiedendo a loro che cosa si poteva fare in quella situazione, per la capacità e la comprensione che abbiamo, riscopriamo assieme la bellezza del dialogo e la gioia nel trovare la soluzione in quella situazione.

Quando l'adulto fa la sua parte mettendo in discussione anche il suo agire senza dare per scontato che perché è adulto fa bene per forza le cose, ho riscontrato che il bambino si sente ascoltato, accolto e compreso, permettendo anche a lui di vedere il suo spazio di miglioramento e l'adulto si mette nella condizione di condividere con il bambino il suo spazio di miglioramento. Questo permette appunto anche al bambino di fare la sua parte con gioia ed entusiasmo perché condivisa.

Sì perché la verità rende liberi e ti permette di essere preparato, pronto a dichiararla, portando anche l'altro alla dichiarazione, alla verità, alla ristrutturazione stessa, a capire quanto grazie all'esperienza della verità, si possa consolidare una relazione sincera e pulita. Questo accade nel rapporto genitore – bambino e come detto prima anche con l'altro.

Un atteggiamento di questo tipo nei confronti di noi stessi e della vita, ci dà costantemente la possibilità di rimanere connessi tra di noi, lasciando andare la paura di non poter dire quella cosa piuttosto che quell'altra, di non essere ascoltati, capiti, anzi sapere e sentire intimamente che insieme abbiamo trovato un punto fermo di fiducia totale, dove possiamo raccontarci tutto perché sappiamo che la soluzione si trova proprio lì anche in una situazione negativa, in quel punto fermo ci siamo noi e la fiducia l'uno dell'altro che abbiamo costruito nel tempo apre le porte alla possibile soluzione.

Un altro punto di partenza è proprio la fiducia che risiede nella nel nostro mondo interiore dove mi scopro capace e scopro quella stessa mia capacità nell'altro, perché sai e hai compreso che solo con questo atteggiamento puoi ottenere una relazione priva di dubbi. Questo si innesca quando hai riconosciuto in te per primo che l'essere fedele prevede l'aver visto l'infedeltà quindi l'altro per te, come detto più volte, diventa specchio per migliorarti. Tutto questo parte sempre dalla narrazione.

Ti sarai accorto caro lettore quanto ho insistito sulla narrazione, ciò che ci raccontiamo. Il primo risultato ottenuto grazie alla narrazione è avere visto quanto l'altro si coinvolge nel dialogo perché non si sente accusato, additato, criticato; piuttosto sente la libertà di potersi dichiarare anche lui. Questo lo ha permesso appunto l'essermi detta prima quanto voglio nella relazione con l'altro fare sentire che ci sono per lui.

Trasformare il nostro dialogo per raggiungere ciò che è importante per noi, ascoltarsi, fermarsi, osservarsi e osservare cosa la vita ci chiede, diventano caratteristiche fondamentali per raggiungere quello stato di felicità, integrità, da farci stare bene con noi stessi, con l'altro e con la vita stessa. La via d'uscita per realizzare ciò che vuoi è l'aver sviluppato in te quella narrazione, quel dialogo interno costruttivo che ti permette di raggiungere chi incontri nel tuo quotidiano e farlo sentire in quello stato di benessere come tu sei riuscito e riesci a farlo, grazie al costante allenamento, per diventare la persona migliore che sai e che il mondo vorrebbe incontrare.

Tutti gli esempi di vita personale che ho condiviso in queste pagine dipendono dal mio grande desiderio di continuare ad allenarmi e diventare meglio e ancora meglio di ciò che ero e ciò che sono, perché ti svelo un segreto, il miglioramento è un allenamento che non finisce mai e ti mette nella condizione di vedere quanto ancora sia possibile fare.

Sei d'accordo con me che tutto questo non si può fare da soli? Che per allenarsi è necessario un allenatore? Infatti ti dico questo perché da quando avevo 30 anni circa, grazie alle mie costanti ricerche, ho potuto incontrare una persona che con le sue idee mi ha cambiato la vita. La prima cosa che si palesò davanti ai miei occhi appena lo conobbi, fu la sua capacità di avere un ordine di idee incredibile che gli permetteva di raggiungere ciò che davvero desiderava.

Una di queste idee fu quella di scoprire cosa fosse centrale e cosa periferico. Il passaggio successivo era di partire dalle priorità per cominciare a fare ciò che è centrale e poi scoprire che il periferico si risolveva da solo. Questa fu una delle tante idee che mi passò, ma potrei citarne davvero molte che hanno dato una svolta alla mia vita producendo risultati straordinari alla stessa.

Di chi ti sto parlando? Sto parlando di un mentore, colui che è in grado di raggiungere ciò che è centrale per la sua vita. Grazie a questo incontro e all'applicazione degli strumenti da lui utilizzati, compresi nel tempo, che la felicità è proprio uno stato interiore profondo dove puoi connetterti con essa, sentire il suo abbraccio e avvertire la sua forza, da non sentirti solo perché lei è lì con te quando decidi di incontrarla.

Come la si incontra? Guarda è una cosa semplice. Il sorriso ha un potere fantastico che rigenera te stesso e chi incontri quindi vincere-vincere. Ricordi? Quando ti dicevo chi era la bambina Annalisa? Sempre felice, entusiasta perché nulla poteva toglierle il sorriso, nulla. Solo che poi diventata grande, nonostante ti impegni con le forze che hai, ecco che senti nascere la sfiducia nei confronti della vita, quindi anche in te stessa.

Quando cominciai a pensare a tutte le mie incapacità, ai miei fallimenti, ecco che la vita stessa mi diede un'altra possibilità facendomi incontrare questa persona, l'allenatore, che con la sua testimonianza e manifestazione delle sue capacità mi ha permesso di ricordarmi che è possibile, cosa è possibile?

È possibile ritrovare in me stessa quella bambina che più volte è stata capace di rimettersi in gioco, per raggiungere ciò che la faceva stare davvero bene e soprattutto aveva visto più volte che per fare bene nella propria vita e nella vita dell'altro è necessario produrre sempre più sforzi che ti permettono di arrivare a fare cose quasi impossibili.

Come già spiegato prima alcune esperienze fatte in passato, ti restituiscono risultati inimmaginabili diventati poi possibili, cosa ho imparato da tutto questo? Che la felicità, la determinazione, sono caratteristiche che vanno nutrite, sensibilizzate e allenate partendo da se stessi, scoprendo chi siamo davvero dentro, e fare tutto ciò che è possibile per andare oltre e oltre dove esiste una altra possibilità, una altra modalità da attuare, perché senti con forza che il conosciuto non è più sufficiente.

Funziona come un'atleta ci si allena con dedizione e disciplina resistendo al possibile dolore dettato dal duro allenamento, e ci si arrende alla bellezza e meraviglia che ci raggiungerà grazie alla determinazione.

L'importanza dell'incontro con il mentore

Grazie all'incontro con il mentore ho avvertito immediatamente la realtà e cioè che ero già stata capace di produrre cambiamento, perché ciò che mi condivideva o mi condivide, mi raggiunge subito, solo che purtroppo una volta grande, sfiduciata nei confronti di me stessa e della vita, non avevo più il ricordo di come avrei potuto produrre cambiamento. In questo lui mi ha aiutato moltissimo, ritrovando quel ricordo.

Il mentore ha avuto e ha un ruolo fondamentale per la mia vita, cioè trasmettermi le idee e i concetti organizzati in modo nuovo da poterli così applicare. Perché dico in modo nuovo? Perché mi sono accorta come avessi già dei valori e delle idee grazie all'esperienza fatta da piccola, ma quello che mi mancava una volta diventata grande fu l'ordine di questi valori. L'incontro con lui mi ha permesso di mettere in ordine queste idee e valori. Come ho potuto mettere in ordine le idee? Intanto dalla voglia di rimettermi in discussione, quindi nutrire quella parte migliore di me facendola emergere e mettendomi nella possibilità di applicare ciò che mi veniva e mi viene donato.

Poi da cosa sono partita? Sono partita, come abbiamo visto insieme, dalla narrazione, dal fermati, dall'osservati. Sì, perché nel tempo anche se involontariamente da bambina mi raccontavo "che esisteva un altro modo per fare le cose" una volta grande avevo perso questa narrazione e quindi sentire e vedere che qualcuno la applicava e applica con costanza, determinazione, mi ha permesso di ritrovare la fiducia per ripartire da dove avevo lasciato.

Questi strumenti hanno permesso di riorganizzare ciò che già viveva in me riportando alla luce capacità già manifestate, dando anche le giuste priorità ai valori e alle idee stesse. Un altro passaggio che mi colpì e sentii immediatamente, era che potevo essere felice, perché durante la mia crescita purtroppo ripeto si innesca quello stato di arresa da renderti anche infelice. L'adulto questo tende a dimenticarselo mentre il bambino resiste così tante volte ai colpi da esprimere felicità naturalmente. Tutto questo fa parte del suo essere curioso e il suo essere affamato di questo meraviglioso mondo, che lo porta a godere attimo dopo attimo della vita.

Tutto è partito nel 2002 dove è cominciato un cammino importante che mi ha dato la grande possibilità di vedere, sentire, la vita esattamente come lei è. Cosa voglio dire? Che ciò che ti ho condiviso prima, è il risultato di questo allenamento tanto desiderato, perché vivere una vita che si vuole è frutto del costante allenamento interiore, cioè praticare quelle azioni determinanti che giorno dopo giorno ti portano verso la vita che vuoi.

Da dove partiamo? Dal dono, sì il dono ricordi? Cosa è il dono? Il nostro essere qui è il dono. Una volta adulti purtroppo siamo poco allenati a fare questo perché ci siamo dimenticati come eravamo da bambini, ecco che la nostra vita prosegue per inerzia, "perché devo fare le cose". Per me il punto di partenza è stata scoprire una domanda fondamentale: "perché siamo qui e cosa possiamo fare per contribuire alla vita stessa grazie alla nostra presenza? Riesci a sentire che sei qui? Riesci a sentire che questo attimo è tutto tuo? Riesci a sentire che hai un peso, una forma? Riesci a sentire che occupi uno spazio e che in questo spazio puoi godere del dono che ti è stato fatto? Riesci a sentire che è giunto il tempo di lasciare traccia di Te Stesso?"

Perché faccio tutte queste domande? Perché ciò che osservo in me e osservo nella vita di tutti i giorni è che questa parte del nostro essere qui e il suo perché l'abbiamo dimenticata. Nonostante facciamo un sacco di cose belle dal lavoro, alla famiglia, alla collettività, alla amicizia, se solo riuscissimo in tutte queste cose belle che facciamo a capire e comprendere il vero perché del nostro essere qui, pensa come si moltiplicherebbe la Gioia e la Felicità in ciò che già fai trasformandolo in qualcosa di meraviglioso, grazie all'avere scoperto la tua missione e il tuo grande perché.

Ti dico questo caro lettore, perché dal momento che ho avuto la fortuna di farmi le domande importanti, tutto è cambiato, portando maggiore felicità nei miei giorni. Partendo da atteggiamenti semplici ricordi? Il sorriso. Guardando la mia vita, come si svolgeva in passato, guardando la mia giornata che aggiunta ad altre vedevo mesi e anni passare chiedendomi che cosa avessi fatto in questo tempo e provare a tornare indietro di un pochino per capire quanto ho lasciato di me in chi incontro, ho potuto constatare chiaramente quanto non fossi con l'attimo. Ecco che ho cominciato a sentire uno strano vuoto, una tristezza da voler cominciare a dare più significato ai miei giorni cercando con tutta me stessa di vivere appieno quell'attimo.

Tornando al mentore grazie al nostro incontro, alla sua capacità di riuscire a trasmettere le idee da lui sperimentate, applicate e, desideroso di poter raggiungere più persone con il suo fare e vedere che possono vantaggiarsi di questi strumenti, posso dire che è riuscito nella mia vita a fare sì che potessi riorganizzare queste idee e renderle parte di me grazie all'applicazione, osservazione, ascolto, attenzione di ciò che mi abita (linguaggio interno, cosa mi racconto), pensieri che vagano a volte senza senso, producendo e trasformando in me delle capacità già esistenti in maggiore capacità di fare ancora meglio di ciò che conosco e faccio. Esempi già condivisi prima.

Cosa voglio dire? Voglio dire che nulla ho buttato di ciò che ero semplicemente l'ho riorganizzato, ho aggiunto dove qualcosa mancava e migliorato ciò che c'era da migliorare, trasformando il mio agire in base alla situazione in cui mi trovavo o mi trovo. Tutto questo l'ho utilizzato come dicevo prima in tutti gli ambiti della mia vita.

La cosa che sento molto vicina a me è imparare ad accogliere la nuova visione dell'altro nonostante si possa provare qualche fastidio per scoprire che, superato il limite del fastidio e accolta la sua visione, ho la possibilità di crescere e soprattutto vado oltre al conosciuto.

Ascoltando ciò che l'altro ha da dirmi e applicando gli strumenti da lui trasmessi, riconoscendo in lui le qualità e capacità prodotte ricordi? Cosmo maggiore e Cosmo minore, la prima cosa di cui mi sono accorta è stata, come detto precedentemente, trasformare il mio linguaggio da "lui è capace perché in grado, mentre io ho grosse difficoltà dettate dalle troppe sofferenze" a un linguaggio "non mi manca nulla, ho tutte le caratteristiche e capacità dentro me per diventare ciò che voglio davvero". Questo ha fatto la grande differenza perché questa frase è diventata un mantra che utilizzo ancora oggi per riuscire in ciò che desidero e voglio davvero.

Poi a volte casco ancora nella convinzione che non sono capace, ed è difficile diventare come lui. Avere fiducia nell' allenamento, mi da la possibilità di non dimenticarmi che ogni giorno posso diventare ciò che desidero veramente facendo quell'azione che produce differenza nella mia vita.

Allora cosa faccio? Ripeto il mantra, mi rialzo dopo la caduta e riparto da dove ho lasciato sottolineandomi ancora una volta quanto sono stata capace e quindi quanto ancora lo posso essere. Vediamo insieme le chiavi di lettura che sono state colte in queste esperienze condivise che possono essere applicate nella nostra vita.

BAMBINA - ADOLESCENTE = Nonostante la situazione complessa dettata dalle difficoltà a partire dalla famiglia, il punto di partenza è il dono. Il dono ha come risultato l'avere riconosciuto di essere qui a giocare la partita: la Vita. Quindi riconoscere chela difficoltà aguzza l'ingegno.

Primo passaggio la stabilità uguale indipendenza, io mio marito, lavoro famiglia, figli. Incontriamo il mentore, ribaltiamo il conosciuto per entrare nella dimensione del nuovo. Ribaltamento quindi poca fiducia in noi stessi. Quando si crea disordine per riordinare si fa fatica a vedere e sentire che è già nato il nuovo.

Ribaltamento-separazione. Dopo avere superato insieme il momento di difficoltà, sentiamo che è necessario lasciare andare ciò che non può essere amato perché vive un'altra velocità. In questa separazione capacità di creare una nuova relazione nel ruolo di mamma e papà: i bambini vivono con noi la verità e godono la nuova posizione dove non si toglie, anzi si utilizza ciò che si ha già, per creare un nuovo noi stessi.

Nella vita si aggiunge non si toglie. Arrivo del mio compagno, stabilità in vari campi. Possibilità di sperimentare queste capacità nutrite nella famiglia portate fuori: famiglia, collettività, lavoro. Nuova consapevolezza perché applicando dentro riconosco che l'applicazione funziona, non è più teoria, diventa Risultato.

Obiettivo: lasciare un segno, una traccia di me per me, per gli altri. Ora cerchiamo di capire insieme come utilizzare questi strumenti e applicarli da permetterci di fare ciò che desideriamo davvero.

Lavorare sulla relazione di coppia, con i miei bambini, con la mia famiglia d'origine è stato il risultato incredibile di un buon lavoro fatto, grazie ad avere cominciato prima di tutto a lavorare su di me. Nel tempo questo risultato mi ha dato la sensazione che lavorare sulla costruzione della famiglia, nonostante la separazione, sia stato il luogo più semplice dove cominciare. In realtà è il luogo decisamente più impegnativo perché conosciamo bene le dinamiche che avvengono tra familiari, le etichette che si mettono l'uno con l'altro e le difficoltà che si incontrano. La bellezza di questo è aver visto che funziona, che portava e continua a portare risultati straordinari, da fare innescare la fiducia in me stessa e sentire il grande desiderio di condividere anche con il mondo esterno questa straordinaria possibilità.

Con "il mondo esterno" intendo dire i luoghi comuni che frequento più spesso, il lavoro, i colleghi, gli amici, per poter sottolineare a me stessa che funziona e che è possibile fare godere anche all'altro questa possibilità, ovviamente se voluta e applicata, allenandosi giorno dopo giorno.

Questo allenamento mi ha dato la possibilità di migliorare anche le relazioni che durano da anni, quelle nuove per costruire così una relazione il più possibile sana, genuina e sincera, anche se con alcuni familiari e alcune amicizie non ha proprio risuonato questa versione di me stessa, dovendo così accogliere senza nessuna forma di attaccamento qualche perdita.

Nel tempo accolta questa perdita, lasciando andare senza trattenere ciò che non vuole restare, ho potuto verificare quanto in realtà alcune relazioni resistono, perché devono resistere, ma nella relazione non c'è quella verità su cui io ho cominciato a lavorare (chiaro che di questa perdita non si dà colpa a nessuno).Osservando attentamente, mi sono accorta che quella relazione non è andata persa, perché nonostante tutto avvertila sua presenza, senti che è lì ad osservare, quasi interessata a ciò che sta accadendo di nuovo nella tua vita.

Quando decidi di diventare nuovo perché hai consapevolizzato che la novità produce miglioramento, ecco che scopri dove l'allenamento ti sta portando e ti dà l'occasione di confermare a te stesso il perché proseguire con quell'obiettivo e l'altro sentendo la tua forza si accorge di questo. Quando resti con il tuo proposito raggiungendo i tuoi obiettivi personali, avverti che stai agendo correttamente grazie alla forza che cominci a sentire nascere dentro.

Cosa voglio aggiungere dicendo questo? Che non importa se diranno vai bene o vai male, ciò che conta davvero è ciò che tu vuoi per te, farsi la domanda e chiedersi cosa è davvero importante per me? Questo è ciò che conta veramente, lo ripeto perché poi raggiunto i risultati, grandi o piccoli che siano, sono i risultati che ti fanno stare bene, sentire l'equilibrio, sentire che quella è la strada giusta e anche i commenti, le approvazioni, negative o positive non hanno più il valore iniziale che cercavi, cioè la costante conferma dal mondo esterno se stai facendo bene o male ciò che hai deciso di realizzare, perché senti con chiara determinazione che la vera conferma sei tu che hai intrapreso la strada utile per te.

È evidente che queste esperienze quando vissute, sperimentate, chiariscono meglio dentro noi stessi la direzione intrapresa. Per questo motivo posso assicurarti che desiderare ardentemente l'allenamento, per diventare ciò che voglio davvero per me e per chi mi sta vicino, produce il risultato che serve in quel momento.

Ora sento mentre stai leggendo che ti chiedi: "ok Annalisa tutto bello, ma se io dovessi applicare gli strumenti elencati, come faccio a metterli in pratica per diventare passo dopo passo la migliore versione di me?".

Mi permetto di fare la domanda perché immagino ti sia sorta e ciò che può davvero produrre cambiamento è il fare. Quindi caro lettore, visto che sei arrivato fino qui leggendo la mia storia e quali sono i passaggi che hanno permesso ad Annalisa di incontrare la nuova Annalisa, ora condivido con te gli strumenti e i passi da compiere che hanno permesso anche a me, di dare una svolta, partendo da ciò che è davvero importante. Fare questi ulteriori passaggi, ti farà toccare con mano, a livello pratico, il possibile cambiamento.

Ti ricordo comunque come detto all'inizio, che questo diventa possibile solo se ti metti nella condizione di applicare, ancora più importante, è sentire, vedere con tutto te stesso il grande desiderio di questa trasformazione per la tua vita, perché se manca questa parte, il Fare, sappi che nulla cambierà!

Nella mia esperienza, questo è successo almeno all'inizio, quando ho incontrato la possibilità di allenarmi, ho avuto paura di incominciare seriamente, perché non conoscevo e non sapevo dove mi avrebbe portato; per poi scoprire grazie al primo passo che la trasformazione stava già avvenendo dentro me. Ecco che ho incontrato il luogo della trasformazione e a quel punto ho cominciato a lavorarci su. La mia vita cominciava a migliorare incredibilmente da manifestare i miei risultati interiori anche esteriormente. Quindi detto questo avanti tutta e partiamo dall'inizio, e l'inizio sei tu.

Ora focalizziamoci su delle domande importanti che hanno profondamente cambiato, trasformato, migliorato la mia vita portando benefici e maggiori consapevolezze anche nella mia famiglia e a chi ho incontrato sino ad oggi. Come dicevo prima, queste domande tornano utili per tutti i campi della vita perché sono domande collegate con la parte migliore di te.

Eccoci:

- Cosa in questo preciso momento vorresti trasformare, migliorare nella tua vita?

- Quando hai trovato il "cosa" ora chiediti quale azione posso compiere perché questa trasformazione avvenga?

- Trovata l'azione per 21 giorni applicala, e fallo in un momento della giornata, decidi quale, cerca nei giorni successivi di applicare quell'azione nello stesso momento. Poi scrivi ogni giorno sul tuo quaderno degli appunti, cosa hai osservato nell'eseguirla e quali risultati hai raggiunto.

- Passati i 21 giorni, viste le osservazioni che hai scritto e annotato, ora chiediti come posso fare si che queste azioni diventino abitudini nella mia vita visto che applicate mi hanno aiutato a raggiungere risultati importanti?

- Vedi qui siamo tornati al dialogo interno.

- Fatto questo ora chiediti come posso applicare oltre dentro me anche fuori da me queste azioni?

- Scrivi in questi 21 giorni tutte le osservazioni negative o positive che hai fatto, fai il punto della situazione, prendi riferimenti e terminati i 21 giorni rivedi cosa è successo, produci una sintesi, una piccola relazione. La stessa, la scrivi per te stesso così hai il punto della situazione di un buon lavoro. Se vedi che c'è stata discontinuità nel tuo agire, ti sei dimenticato qualche volta di eseguire l'esercizio, ti accorgi che qualcosa di esterno o di interno (il nostro dialogo ad esempio ricordi? Non sempre è favorevole anzi a volte è sabotante) non ha funzionato, non preoccuparti per questo, scrivi, scrivi, scrivi e prendi riferimenti. Sai perché? Perché grazie a questo lavoro che hai deciso di intraprendere per la tua vita, finalmente si presenterà davanti a te la mappa di chi sei davvero. Scopri di poter avere un inizio da dove partire per andare verso ciò che è bene per te. Se invece hai fatto tutto bene, bene. Hai dei riferimenti nel campo da te scelto, di successo, hai fatto accadere ciò che desideravi, quindi sono felice per te. Unica cosa, ti invito a dettagliare meglio e a vedere ancora una volta dove puoi migliorare. Ad esempio, in un altro campo puoi rifare l'esercizio e prendere ulteriori riferimenti perché questo esercizio può rivolgersi in tutti i campi della tua vita.

Giunti fino qui, dove ora abbiamo dei punti di riferimento per cominciare a diventare migliori, ti riporto ciò che ha fatto davvero la differenza nella mia vita e in quali campi ho cominciato ad applicare gli strumenti che mi hanno portato ottimi risultati.

Esempio: lavoro, ricordi? Se guardo indietro, anche solo a 10 anni fa, dove lavoravo presso aziende, la cosa che cominciai a osservare è che quando mi dovevo relazionare con colleghi o capo reparto era vedere scattare in me che gli altri sono sempre in errore, perché questo non va, quello non funziona, chiedono troppo, e poi non parliamo di competizione, voglia di essere il migliore e con la speranza che il capo reparto guardi proprio me.

Ti è mai successo di vivere queste dinamiche? Se sì, ecco che come ho potuto scoprire me stessa puoi scoprirti anche tu, per giungere alla chiara visione che gli uni e gli altri non siamo differenti, osservando la tua vita e la vita dell'altro puoi notare velocemente come il giudizio regna sovrano.

Ti accorgi che funziona proprio così? Che le dinamiche sono sempre le stesse? La prima osservazione fatta su di me è stata vedere che la guerra non è fuori ma dentro, se voglio che qualcosa cambi fuori e desidero la pace, è necessario che fermi la guerra dentro. Ti accorgi che siamo sempre in guerra? Se sì e vedi degli esempi su te stesso, allora puoi avere un grande punto di partenza per cambiare le cose.

Un altro esempio: quante volte senti dinamiche interiori che non portano vantaggio né a te e tanto meno all'insieme? Come dicevo all'inizio del libro, l'osservazione in questo lavoro, è stato lo strumento apice e lo è ancora, perché mi ha fatto vedere e sentire chi ero e chi sono, soprattutto mi ha fatto raccogliere informazioni importanti su me stessa per poter partire da questi dati raccolti.

Come è accaduto? Intanto ho raccolto dati di me stessa scrivendo ciò che osservavo in quella situazione di quel momento. Raccolti i dati ho cominciato ad avere, come ti dicevo prima, una mappa di me stessa, da poter così cominciare ad attuare delle azioni migliorative che mi potessero portare a raggiungere risultati da me voluti.

Esempio: desidero andare d'accordo con il collega che in questo momento mi sta e gli sto antipatico? Perfetto mi osservo, cerco di capire cosa produce il fastidio in me, mi racconto il perché e trasformo con una nuova narrazione questo fastidio rendendolo il mio allenatore perché ho riconosciuto che voglio andare oltre a ciò che il collega vuole rappresentare e quindi mi metto nella possibilità di incontrarlo, dicendomi che è possibile, perché l'obiettivo diventa la pace, di conseguenza dichiaro al collega che sono certo/a che anche lui desidera la pace e insieme possiamo trovare un punto di incontro affinché ciò accada, solo se lo desideriamo davvero, questo desiderio chiaro deve essere anche mio.

Perché ho portato l'esempio del collega? Perché nel mondo del lavoro mi sono accorta che spesso mi trovavo nel circolo vizioso del non ascolto, cioè di ciò che l'altro mi condivideva, dal collega ai superiori, avevo una rappresentazione di loro come delle persone che sanno tutto quindi ciò che faccio non serve. Questo era il mio dialogo capisci? Io non servo e l'altro non mi serve.

Mi osservo, mi ascolto e colgo immediatamente questo mio modo d'agire sentendo finalmente la necessità di produrre silenzio. Come ho fatto? Durante una conversazione con i miei colleghi o il mio capo reparto appena l'altro cominciava a parlare, ovviamente sentivo l'impulso di rispondere e dovevo assolutamente dire la mia, ecco che sto in silenzio, in questo silenzio mi accorgo che parte il vero ascolto e quando è il tempo di parlare, perché c'è un tempo per condividere il tuo pensiero, ecco che parlo e cosa dico? Dico: "felice di averti ascoltato".

Riesco a stare in silenzio, l'altro riesce a condividere ciò che ha da dire, si sente ascoltato, io mi sento nuova, colgo nuove informazioni dell'altro che non avrei potuto cogliere con il mio continuo chiacchierare e guarda un po'.. non è più un dialogo che va in un'unica direzione (spesso la mia), comincia un dialogo di spessore e profondità che porta entrambi a vedere in quale direzione vogliamo andare e soprattutto qual è l'obiettivo.

Questo ripeto dopo avere raccolto informazioni su me stessa e sull'altro, passaggio importantissimo, allora posso cominciare ad applicare tutte le possibilità di miglioramento. I successi avvengono quando finalmente hai deciso di voler trasformare ciò che non è utile, in qualcosa di utile, perché se desidero avere una sana e genuina relazione con l'altro il grande segreto per fare accadere questo è proprio il partire da me.

Non lasciare le cose al caso, mettersi nella possibilità di incontrare l'altro, di fare sentire che tu sei lì per lui perché hai scoperto l'importanza di questo, producendo grandi risultati a te e all'altro.

Inoltre dopo avere raccolto informazioni su me stessa e sull'altro grazie all'osservazione, all'ascolto, al silenzio e praticare il voglio dedicarmi a te, in questa pratica sento nascere la domanda. La domanda è stata come posso trasformare l'energia del mio parlare in un'energia utile orientata al silenzio? Quindi ascolto? Quindi partecipare al nostro incontro rimanendo con me stessa e con te, cercando di sentire cosa hai da dirmi e ascoltando con tutta l'attenzione che ho partendo dall'ascolto non solo con le orecchie ma anche con il cuore?

Qui scopro l'ascolto attivo sì, il cuore ha la capacità di ascoltare attivamente, le orecchie passivamente, perché mi sono accorta che ascoltare con le orecchie mentre ad esempio, penso ad altro produce una risposta automatica. Ascoltare con il cuore produce una risposta attenta e voluta, mantenendo la tua attenzione nell'ascolto, scoprendomi capace di stare con l'altro.

Tutto ciò mi ha permesso nel tempo di sviluppare maggiore capacità nel fermarmi dal momento in cui mi sono accorta che dentro me parlo tanto di tante cose a volte senza una direzione precisa, colto questo dialogo interno, questi pensieri, ho cominciato a fermarmi guardando gli stessi. Ho visto quanto dispendio di energia metto inutilmente e avere visto ciò che mi abita dentro (perché nonostante l'allenamento, comunque continua ad abitarti dentro non è una cosa che si annulla) ho capito quanto è importante risparmiare il dialogo inutile su cose che c'entrano poco, orientando il mio dialogo su ciò che è davvero importante e centrale in quel momento.

Questo atteggiamento mi ha fatto sentire anche la necessità di economizzare. Cosa voglio dire con economizzare? Voglio dire di entrare in contatto con quella capacità da me già riconosciuta e vista, che cerca di placare i miei pensieri e mi da la possibilità di poter cominciare a dirmi "ok ora questo non serve, mi fermo faccio un respiro profondo" e trasformo questo momento poco utile in qualcosa di utile e orientato, accogliendo in me la possibilità di produrre un'azione diversa, diventando così capace nel tempo di ripetere il processo, dove sento che è possibile applicare lo stesso processo anche fuori da me, cioè con l'altro.

Questa non espressione di emozioni inutili produce economia. Questo che ho condiviso l'ho traslato anche in altri campi della mia vita, dandomi come restituzione un benessere totale e sai perché? Perché il come mi dico le cose, quindi l'ascolto di me stessa, porta maggiore attenzione sull'altro, mi mette nella grande possibilità di vedere non solo cosa dico, ma anche il come lo dico.

Se provi a sperimentare e magari lo hai anche già fatto, avrai avuto il modo di vedere come cambia il punto di vista cambiando solo la frase da: "io in questa cosa non ci riuscirò mai, quindi lasciamo perdere", alla frase: "se mi metto a fare questa cosa grazie anche alla voglia che ho di imparare, scoprissi di esserne capace?", se ascolti ciò che dici e prendi bene i riferimenti di ciò che vedi e ciò che accade dentro di te ti accorgerai che una frase ti toglie energia, mentre l'altra è in grado di restituirti energia.

Riesci a vedere cosa accade dopo che ti sei detto questo? Come stai? Soprattutto ascolta dentro te stesso profondamente e se senti che è tempo di cominciare a dare un cambio, se sei felice di partire ed incontrare il cambiamento allora comincia. Oltre a scoprire cosa succede, cosa cambia, sperimentando prima un modo e poi l'altro, prova ad osservare in totale sincerità come ti senti. Prendi tutti i riferimenti possibili e da qui cerca di capire cosa è davvero meglio per te, perché un altro dei grandi segreti è proprio sentire la grande differenza che avviene dentro di te quando passi dal "non sono capace" al "è possibile per me".

Aggiungo che puoi scoprire quanto è meraviglioso fare esperienza lasciando andare la negazione ed entrando nella dimensione della possibilità. Facendo questo giungerai a sentire quanto sei capace di compiere quell'azione che farà davvero la differenza nella tua vita.

Se dovessimo guardare il campo che riguarda i bambini ciò che ho fatto e sto facendo è un'esperienza molto profonda, mi ha permesso sin dall'inizio di poterci lavorare, perché essendo i miei figli ho potuto applicare la parte migliore di me anche con loro.

Il giorno che è nata la mia prima figlia, oggi ha 13 anni, ho avvertito subito quanto desiderassi per lei essere una guida in grado di sostenerla e nutrirla nelle sue esperienze, sperimentazioni e curiosità, verso il mondo che la circondava e la circonda ancora oggi.

Si sa, il bambino come abbiamo detto all'inizio nasce con la curiosità, la voglia di imparare, soprattutto di esplorare con tutto quello con cui entra in contatto sino a farlo diventare parte di sé, perché una volta che il bambino fa sua la conoscenza, e sente di essersi appropriato di una capacità, questo lo porta ad imparare altro per accrescere le sue conoscenze e consapevolezze da metterlo nella condizione di maggiore capacità.

Personalmente grazie a mia figlia e agli strumenti elencati precedentemente, ho avuto la possibilità di allenarmi nell'osservazione, nell'ascolto, nell'attenzione da vedere e sentire altri spazi nuovi, che hanno allargato la cornice della mia conoscenza, dandomi la possibilità di trovare risposte utili rispetto a quella che era la mia conoscenza riguardo l'educazione del bambino.

Questo ha portato nel tempo a costruire una relazione con mia figlia ancora oggi più veritiera e nella fiducia. Lavorare sui "no", sul "non si fa così", sul "hai visto era meglio che facevi come ti avevo detto", sul "occhio che ti fai male", "sull'incapacità, la mancanza di fiducia, il difetto, la mancanza nei miei confronti ecc." e trasformare questo dialogo con lei portandola a pensare che è possibile produrre i risultati voluti, per me è stata una rivelazione. Ha semplificato il mio percorso personale e a lei ha dato, e continua a dare, la possibilità di avere maggiore fiducia in se stessa, maggiore stima, di sentirsi capace, partecipe portando dei risultati ottimi in ciò che desidera, sentendosi sostenuta e guidata da me, dal papà e oggi dal mio compagno (quindi tre modelli di studio e non due) nelle sue scelte, esperienze, da poter concretizzare i risultati raggiunti o che deve ancora raggiungere, sentirli parte di sé perché quel risultato è stato il prodotto di quelle azioni attuate, che lei ha riconosciuto utili per il suo obiettivo.

Ovviamente questo percorso fatto sin da subito partendo dalla narrazione sta permettendo a mia figlia di essere più veloce di mamma, papà e il mio compagno. Questo è potuto accadere e accade perché è stata messa nelle condizioni di guardare se stessa senza giudizio e paura riconoscendo la paura stessa che ha visto più volte e sa che fa parte di lei. Per questo sa che può essere superata, perché incontrata e perché la stessa si presenta per ricordarle che è giunto il momento di andare oltre.

Perché ho voluto condividere con te questa esperienza con mia figlia più grande? (che poi ho traslato sui due fratelli e questo ha permesso loro di essere ancora più veloci). Perché è possibile manifestare un'altra vita, la vita che vogliamo davvero come detto all'inizio, aggiungo che questa vuole essere una condivisione non di presunzione o dimostrazione delle mie capacità, piuttosto vuole essere una condivisione utile che serve a dare degli strumenti per migliorare oltre la relazione con se stessi anche la relazione con i propri figli.

Per come vediamo andare oggi le cose, purtroppo è stata messa un po' da parte la capacità di condivisione, come dire impigrita, e adesso il nostro compito è quello di ricercarla per poterla nutrire, sostenere e soprattutto ricordare a noi stessi che possiamo per il bene comune produrre quella capacità da poterne beneficiare tutti, partendo sempre da me, la nostra famiglia, marito, figli, nonni, zii, fratelli, amici, conoscenti e chiunque incontro perché è ciò che vogliamo davvero per noi e per loro.

Questo ci aiuta e aiuterà a costruire delle relazioni salde, ricordi? Genuine, veritiere, pulite. Perché entriamo in contatto con la parte migliore di noi dove risiede la verità.

La verità, colei che ti mette in uno stato d'obbligo di divenire capace, perché nasce la domanda: come posso fare bene in questa situazione? Senti che la domanda ha già in sé la risposta? Se ascoltiamo attentamente la domanda, sentiamo che possiamo fare in modo nuovo, un modo che produce benessere a me perché esco dall'affanno emi impegno a produrre quel momento di silenzio accogliendo la sollecitazione, e all'altro perché mi sente nuovo, dove di tutte le risposte che sorgono dentro me accolgo la risposta più utile ed ecco che si produce la verità ovvero una risposta adeguata, non automatica. In questo modo l'altro non si sente investito dalla mia risposta frettolosa e decisiva.

Ti è mai successo di percepire che dialoghi con l'altro ma non sei con lui? O di sentirti tagliato fuori o di tagliare fuori? Perché se ti sei accorto di questo, sei già a un buon punto di partenza e ti dirò di più, a me è accaduto di vedermi così e grazie alle costanti ricerche e al desiderio di migliorarmi ho cominciato a trasformare le mie incapacità, cioè non ascolto in possibilità, di conseguenza vedermi divenire capace anche grazie all'altro che mi ha permesso di vedere come non ero con lui, diventando questa esperienza ricchezza perché mi sono accorta quanto troppo spesso sono concentrata su di me e non sul contesto che chiama costantemente la mia attenzione attiva.

Pensa se solo riuscissimo a produrre un punto di vista che ci accomuna quanto sarebbe diverso il nostro vivere e quanto questo ci restituirebbe immediatamente la possibilità di vivere un'altra vita. Imparare a divenire migliori è la chiave di accesso per vederci crescere, maturare e grazie a questo, diventare per l'altro un esempio da imitare, perché tutti noi desideriamo divenire migliori di ciò che siamo, solo che incontriamo difficoltà nel produrre questo perché purtroppo non ci sono stati passati dei saperi e conoscenze e come applicarli.

Poi quando decidi che puoi fare meglio perché hai incontrato qualcuno che può aiutarti in questo, e finalmente sai che è giunto il momento di cambiare ecco che ti viene subito detto: "ma tu vai bene così", quindi ti senti smarrito nonostante hai riconosciuto la possibilità. Ti è mai successo di sentirti così? Se sì, posso dirti che a me è successo tante volte.

Quando incontriamo questa possibilità, la via d'uscita per me è stata insistere, insistere, insistere e arrendersi. Insistere per me è stato ed è fondamentale, perché quando senti che quella cosa che stai facendo è determinante e utile portarla avanti, avverti un nuovo vigore e hai la grande sensazione di successo perché è chiara in te la direzione che hai scelto di prendere.

Arrendersi ha un significato ancora più profondo, significa sviluppare quella capacità di rimanere lì in quel luogo dove tutto ti chiama a compiere quell'azione e ti fa vedere con chiarezza quanto starai bene e farai stare bene gli altri al raggiungimento dell'obiettivo. Quindi arrendersi al bene che ti si presenta e che tu riconosci sentendo quanto ti restituisce una volta fatto ciò che ti sei detto.

Bene sino qui abbiamo dettagliato come produrre la trasformazione che desideriamo per diventare ciò che vogliamo e sentiamo. Cosa buona per noi almeno all'inizio, poi cosa buona per l'altro e infine cosa buona per l'insieme. Da questa lettura avrai certamente percepito che tutto questo si può fare in qualsiasi contesto, ambito.

Sì, perché una volta che cominci ad allenarti in un luogo, esempio la famiglia, ecco che immediatamente puoi utilizzare lo stesso processo nel lavoro, nella collettività, nell'amicizia, nell'amore ecc. ed è allora che lo stesso strumento diventa per te uno strumento unico in grado di portarti dove vuoi tu. Come una bacchetta magica che trasforma ciò che non gli piace in qualcosa che gli piace.

Ad esempio, sono uno che si irrita facilmente? Ecco che interviene la bacchetta magica, cioè il silenzio e in quello spazio che si presenta grazie ad esso posso operare e trasformare quella condizione, possibilità di irritarmi, in possibilità di fermarmi, mi accorgo di avere maggiore abilità nella risposta ed ecco che questa condizione mi piace, la ripropongo a me stesso tutte le volte che ne sento la necessità.

Personalmente questo allenamento dove mi ha portato? Mi ha portato a vedere e sentire con maggiore intensità quanto è diventato importante migliorarmi giorno dopo giorno. Sperimentare, mettermi nella condizione di incontrare l'altro, il suo mondo con tutti i limiti e tutte le possibilità per condividere con lui la bellezza di questa esperienza e divenire più ricchi perché scambiamo la nostra conoscenza, quindi ricchezza.

Questo modo di relazionarmi con l'altro mi conferma sempre più spesso che è una modalità vincente in tutte le direzioni, perché chiunque incontri, qualsiasi sia il ruolo che occupi e che occupa, se davvero il tuo più grande desiderio è raggiungerlo questo accadrà perché come detto prima, l'obiettivo è il bene comune.

Insieme fino adesso abbiamo visto l'esperienza per quanto riguarda famiglia e lavoro, ora ti accompagno a vedere come trovare lo stesso equilibrio nell'economia, intesa come capacità di risparmiare energie in tutti gli ambiti della tua vita diventando capace anche di guadagnare di più orientando il tipo di guadagno e come fare per ottenere di più.

Da gennaio 2019, abbiamo deciso per scelta, di economizzare quindi scelgo di stare a casa a fare la mamma. Chiaramente questa scelta è stata ponderata valutando cosa fosse più utile fare per la famiglia, in quel momento. Perché dico economizzare? Normalmente si penserebbe se resto a casa tolgo energia quindi no soldi. Invece no, resto a casa e grazie ad un piano fatto con il mio compagno, scopriamo che in realtà cominciano ad esserci più soldi, seguo meglio i bambini, la casa e la famiglia nella sua totalità. Perché ci sono più soldi? Perché non ne escono per delegare qualcun'altro a fare le cose al mio posto. Io andavo a lavorare e creavo debito anziché credito!

Il mio compagno guadagna di più rispetto ad un operaio, immagino ora sorge la domanda o affermazione "lui guadagna bene allora ce la fate". Per uscire da questo inganno, abbiamo fatto un'esperienza vivere come due operai con stipendi nella media, ancora meglio come se lui non ci fosse e dovessi vivere solo io con il mio stipendio da operaia rientrando con i costi.

Quanto ci ha restituito e ci restituisce questa attitudine nei confronti della vita, della famiglia? Soprattutto quanto abbiamo guadagnato in energia? Quanto io ho guadagnato in tempo con i miei figli in quantità e qualità? Perché ho voluto condividerti anche questo? Perché oggi circondati da tutti i bisogni reali e anche falsi, da cose che non servono e che costantemente ci propinano, abbiamo perso nella sfera economica dove è davvero importante investire e dove no, diventa fondamentale imparare a investire dove serve.

Parlando di bisogni falsi desidero provocarti facendoti una domanda, ti sei accorto che siamo circondati di cose di cui non abbiamo assoluta necessità? Soprattutto ci siamo mai chiesti cosa è davvero essenziale? Poi chiaro che con maggiore economia si può stare meglio e raggiungere gli obiettivi che desideriamo. Quello che sento di aggiungere, è che questo deve avvenire, come accennavo nel capitolo precedente, senza togliere agli altri campi, perché se per potere stare bene economicamente, poi sarebbe da dettagliare cosa significa "stare bene economicamente" perdo la relazione con i miei figli, con la mia compagna, con il mio compagno, gli amici, la collettività ecc., capisci che qui stiamo perdendo l'equilibrio di queste sfere che fanno parte del nostro quotidiano, e quindi del nostro essere qui?

Dobbiamo fare in modo di rivestire più ruoli con equilibrio senza togliere a un ruolo e senza aggiungere troppo a un altro ruolo, questo si può imparare anche nella relazione come abbiamo visto più volte genitore - bambino. Infatti, anche con lui si può economizzare per quanto riguarda distribuzione di energie, tempo e altro. Quando dico economizzare intendo riuscire a dare a nostro figlio ciò che serve facendo fare anche a lui il suo pezzettino per raggiungere i suoi obiettivi, piccoli o grandi che siano, con ciò che gli compete, e noi utilizzare con equilibrio gli strumenti che servono per aiutarlo nel suo scopo.

Io ho tre bambini che per me sono stati dal giorno del concepimento, dalla loro nascita ad oggi un grande allenamento per potermi rieducare cercando di passare loro il meglio che potevo e che posso in ogni momento perché oggi più di ieri ho la grande possibilità di viverli.

Dico rieducarmi perché sempre grazie al personale miglioramento di me stessa nei confronti della vita, delle cose e della gente, ciò che riscontro costantemente è che la mia posizione può grazie al punto di vista dell'altro spostarsi, migliorarsi, ampliarsi e di conseguenza diventare più ricca, come dicevo prima avere desiderio di fermarsi un attimo e capire cosa davvero l'altro ha da dirmi, donarmi.

Questo ho cominciato a produrlo con i miei bambini e oggi posso con certezza dire che i loro risultati nella vita sono il frutto di un lavoro comune dove io come genitore mi trovo ad adoperarmi per l'80% e lui come bambino al 20%. In realtà vuol dire che per il bambino quell'20% è l'80% del suo sforzo mentre per me genitore che vado verso di lui quell'80% resta uguale. Quando ho visto questa percentuale mi sono chiesta, chi davvero fa più sforzi?

Quello che osservo costante mente è che per il bambino mamma, papà, siete un cosmo maggiore che immediatamente vuole raggiungere perché desideroso di imparare, infatti si impegna tantissimo e gode del fatto che in ogni momento lui può divenire come te. Ti provoco ancora una volta con l'obiettivo di scendere più in profondità. Ti sei accorto che tuo figlio ha una voglia incredibile di essere come te anche quando non fai proprio bene le cose?

Quando mi sono accorta di questo ho sentito l'importanza della mia responsabilità sulla sua educazione, ovvero tirare fuori il meglio da lui, che mi è venuta una stretta al cuore da dover immediatamente e velocemente rieducarmi per divenire un modello che tende al meglio, essere un esempio di quei valori utili che riconosciuti da mio figlio diventano strumento per lui, per divenire quell'uomo buono con tutti i valori eri ferimenti utili che gli danno la possibilità di manifestare la parte migliore di sé.

Fatta questa introduzione adesso ti condivido come personalmente mi relaziono con mio figlio nelle situazioni giornaliere. Partendo dalla scuola, i compiti, l'amicizia, relazione con me, con il papà, con il mio compagno, la collettività che frequenta, e ancora prima di tutto questo, la relazione con se stesso. Ricordi quando abbiamo parlato all'inizio del dialogo interno e la sua importanza? Ecco questo è uno strumento molto importante che va utilizzato con i bambini perché possano davvero domani diventare uomini buoni.

Tutto questo può accadere con una buona base di strumenti che solo noi genitori come primi modelli abbiamo il compito di attuare, poi possiamo aspettarci dal mondo esterno un lavoro di supporto, parallelo al lavoro più importante che dobbiamo svolgere noi genitori. Ho detto una parola magica supporto, senza perdere il controllo di nostro figlio, senza delegare o dare piena responsabilità ad esempio al sistema di formazione, la scuola, lo sport, la tv, i media e via dicendo.

Come già detto, siamo costretti a delegare la formazione di nostro figlio al mondo esterno perché noi genitori siamo impegnati completamente con il lavoro e le varie attività. Allo stesso tempo diventa interessante se cominciassimo a dare un cambio in noi stessi, una trasformazione che ci permetta di avere quell'equilibrio in tutti i campi della nostra vita senza rischiare di togliere da un campo per concentrarci pienamente solo su uno. Ti sei accorto che oggi più di ieri siamo in un sistema dove veniamo costretti a rimanere concentrati tutto il nostro tempo sul mantenimento nostro e della famiglia, quindi lavoro? Mi rendo conto che ritorno su punti già letti e visti, ma sono punti centrali che vanno ripetuti perché sono coloro sui quali è necessario lavorare.

Tornando a noi, hai la sensazione che non ci sia via d'uscita e per poter arrivare a fine mese abbiamo necessità quasi un obbligo di fare solo questo? Quanti doppio lavoro? Quello che ti propongo: è di capire come liberarci da questa prigione dove tutto gira appunto intorno al lavoro per poterci mantenere. Non sarebbe meraviglioso ridistribuire le nostre energie occupandoci di nostro figlio senza delegare nessun'altro oltre la scuola ad esempio?

Perché ho condiviso anche questo mentre avrei dovuto parlarti dei bambini? Perché parte da qui, da come vogliamo che domani i nostri ragazzi possano essere qualcosa di diverso per se stessi e per ciò che li circonda, cercando di portarli a delle scelte più consapevoli e sentite. Come possiamo fare in modo che questo accada? Partendo appunto dalla costruzione di un dialogo interno che porti loro a delle emozioni propositive, vincenti e a un'autostima che possa fare loro riconoscere subito dove risiede il male e il bene grazie anche alle esperienze che fanno e che faranno.

Questo anche se siamo obbligati a delegare e impegnati al mantenimento della famiglia, il lavoro ci chiede tanto, perché la vita stessa ci chiede costantemente di rispondere a più domande, solo che di fronte a queste domande abbiamo la responsabilità di ricordarci che una relazione sana genitori - figli ha bisogno di essere nutrita per semplificare la vita di tutti portando maggiori consapevolezze e risultati nella famiglia stessa. Quindi come ho potuto fare accadere questo in loro? Ecco che torniamo all'origine: ascolto, osservazione, attenzione e il fermati che ci ha permesso e ci permette di entrare in contatto con la mia e la loro parte migliore.

Adesso descrivo in dettaglio l'esempio "relazione mamma e figlia di 13 anni - scuola". Lei è bravissima, diligente e precisa ogni compito deve essere svolto bene e deve essere sempre al top. La domanda spontanea è: "come hai fatto ad avere una figlia così?" La risposta è che dal momento in cui è venuta alla luce io ho sentito immediatamente gratitudine e fiducia senza ombra di dubbio su di lei. Sì, la fiducia. Infatti, i risultati di oggi sono frutto della fiducia, del complimento nelle sue capacità, del superamento delle sue difficoltà, da permetterle di sviluppare autostima e sentirsi capace in ogni condizione della vita.

Tutto questo appartiene sempre al segreto di come ti racconti le cose e almeno all'inizio di come te le raccontano gli altri. Questo passaggio è importante e delicato perché se non capito come è successo a me, non si può credere a ciò che le narrazioni interiori possono dire. Fatta questa trasformazione del mio dialogo interiore e quindi aver migliorato la mia narrazione ecco che mi scopro capace di poterla produrre anche con l'altro.

Poi, come racconto a mia figlia quanto lei è capace e quanto può divenire capace perché ha tutte le caratteristiche per riuscire, fa scattare in lei la capacità. Questo tipo di dialogo porta i nostri figli ad essere sicuri, perché la certezza e la sicurezza parte dai genitori dove loro trovano ispirazione, riferimento e modelli da seguire.

I bambini hanno innate capacità che se manifestate e non bloccate, come descritto prima, avrebbero la grande possibilità di diventare ciò che è bene per loro, per questo motivo per il bambino sei il riferimento più importante quindi ti segue e fa fatica a pensare che tu possa essere in errore!! Di conseguenza capiamo bene che dire al bambino come fare le cose nella sua dimensione sperimentale torna utile se orientato, dopo avere osservato cosa avrebbe fatto lui in quella situazione in cui si è trovato, perché l'errore lo può capire, se c'è errore nella sua sperimentazione, solo grazie all'avere fatto quella azione.

Dire al bambino "Guarda che bravo quel bambino e tu"? oppure "purtroppo hai delle difficoltà quindi in quella situazione per te è difficile uscirne" oppure "quando la maestra o il professore ti dicono qualcosa vanno ascoltati e non voglio sentire giustificazioni". Riusciamo a vedere che questo linguaggio produce insicurezza, paura, fallimento? Anche perché queste frasi ripetute più volte nella vita del bambino o del ragazzo producono in lui incapacità, o il non sentirsi mai all'altezza.

Se provassimo ad invertire queste frasi con l'idea della possibilità darebbe al bambino o al ragazzo uno strumento di capacità e inoltre gli renderebbe la vita più semplice perché possibile, e noi ci sentiremmo meno appesantiti e meno affaticati da rendere la nostra e la loro vita più fluida, perché pronti, capaci e competenti.

Questi sono esempi di esperienze fatte direttamente con i miei figlioli che a volte non è nemmeno semplice riportare. Ciò che posso dire è che quando ci impegniamo con un intento reale a raggiungere quell'obiettivo che nel mio caso ad esempio è "diventare capace di entrare in relazione con l'altro perché mi fa diventare più ricca", ecco che scopro come primo passo l'importanza di cominciare a fare ciò che dico a me stessa per ottenere ciò che è bene, come abbiamo detto sin dall'inizio, per l'insieme.

Il bambino ha necessità di sentirsi al sicuro, di sentire che ciò che fa è buono e per questo lui ha la certezza che mamma e papà sono lì con lui, per lui, nutrendolo facendogli da guida e sostenendolo nel riprovarci senza esitazione.

Un altro esempio: i compiti. Quante volte accade che un bambino di 8-10 anni si metta a fare i compiti e parta in lui immediatamente lo sconforto perché non si sente in grado di svolgere quel compito, a causa appunto di un suo linguaggio interiore che gli fa credere di non essere all'altezza? Quante volte accade questo atteggiamento nei bambini, nei ragazzi di non sentirsi capiti, ascoltati e a volte sentirsi soli? In questi casi cosa succede? Succede che scatta immediatamente la paura perché le persone intorno a lui potrebbero dirgli che ha sbagliato. Allora ecco che il bambino si paralizza ancora prima di cominciare.

Con questa affermazione non voglio dare per scontato che è così, sono certa che come genitori ce la mettiamo tutta per fare sentire nostro figlio una persona capace. Quello che desidero condividere con te caro lettore, è che troppo spesso e per prima ci sono passata io, tendiamo a sottolineare l'errore e non la riuscita.

Ciò che mi sento di suggerire in questa fase è di resistere a ciò che immediatamente fa partire in noi il pensiero che nostro figlio non è capace, e provare ad arrendersi a quella parte migliore di noi che ha già visto la capacità del proprio bambino e quindi ha piena fiducia nella sua riuscita. Fare in modo che lui si senta nutrito da mamma e papà e possa con più forza manifestare la sua meravigliosa capacità.

Una delle scoperte fatte da quando mi sono messa in questa condizione, come accennato prima è avere semplificato la mia vita. Cosa significa semplificato la mia vita?

Significa che sono riuscita e ancora oggi mi impegno a farlo, ad accompagnare i miei ragazzi nel loro percorso di crescita, sottolineando a me stessa e a loro quanto sono bravi, determinati, capaci, volenterosi, geniali, faccio i complimenti, portandomi grazie a questo atteggiamento nei confronti di me stessa e nei loro confronti, a vederli raggiungere risultati che nemmeno loro si immaginavano, tra l'altro in una condizione ad esempio scolastica, in cui i professori, le maestre sono messi sotto stress perché devono raggiungere gli obiettivi e chiudere nei tempi i programmi scolastici, con un gran numero di studenti per classe e con ognuno di loro dove hanno le loro storie personali e le loro difficoltà.

Personalmente il complimento che sembra una banalità, fa davvero la differenza perché produce nel bambino un desiderio pazzesco di volercela fare a tutti i costi, questo lo fa sentire in grado di raggiungere il risultato voluto e lo porta a una apertura mentale, a un cuore appassionato e a una vitalità nel corpo da farlo agire velocemente.

Quanto vi ho detto è stato sperimentato con successo anche con amici o compagni di scuola dei miei ragazzi. Un esempio:

imparare la poesia a memoria o le tabelline. Scoprire sempre grazie al complimento, al linguaggio interno, quindi ristrutturazione dello stesso e più di tutto al divertimento, ha prodotto in loro immediata capacità facendoli sentire subito capaci di fare ciò che gli serve grazie allo stimolo e alla guida di come si deve procedere.

Personalmente avere sperimentato anche fuori dalla famiglia, e poter vedere altri ragazzi che sono in grado di manifestare i loro talenti dopo averli aiutati a scoprirli, mi ha dato una gioia infinita perché ha confermato e conferma che in tutti, i bambini, i ragazzi anche con chi ha difficoltà, si possono raggiungere dei risultati straordinari grazie alla costruzione del linguaggio interiore e grazie alla sottolineatura delle loro capacità.

Questo grazie alla voglia di vedere che tutto è possibile, anche quando incontri l'impossibile dal tuo punto di vista, o comunque perché si presenta in te il limite. Decidere di capire come superarlo ti mette nella condizione di raggiungere anche l'impossibile.

Ti sei accorto che non siamo abituati a fare i complimenti? E quando li facciamo si avverte subito una perdita? Quasi come se il bambino possa approfittare della nostra benevolenza e così ci troviamo costretti a dare un significato al modello educativo che è da mettere in riga e mi deve ascoltare. Personalmente dico questo perché ne ho fatta di esperienza, quando ero alle prime armi con mia figlia, mi sono vista anche io a dovere metterla in riga. Per poi osservare che ciò che stava facendo era parte della sua esperienza e sperimentazione perché curiosa di godere e gustare ciò che il mondo ha da offrirgli.

Tornando al complimento se fatto con l'intenzione di dare forza al proprio bambino presentandogli un mondo di possibilità, la relazione tra genitore e figlio risulta vincente e lui cresce in autostima, capacità e soprattutto forte perché mamma e papà il più grande modello di riferimento per lui, diventano gli alleati più sicuri e pronti a nutrirlo, a sostenerlo, quando serve, e prendersene cura nei momenti più difficili/impegnativi per lui. Quindi non si sente perso, solo, disorientato, ma certamente sicuro e orientato.

Un'altra scoperta nelle mie esperienze è stata quando ho deciso di utilizzare la gentilezza, una gentilezza senza limiti, cioè in tutto ciò che facevo e dicevo cercavo di esprimere maggiore gentilezza senza risparmiarmi. Ancora oggi è così. Come accade? Accade attivando un processo, cioè di fronte alla richiesta qualsiasi essa sia, ascolto, porto attenzione alla domanda e attivo quella parte migliore di me che ho riconosciuto con una risposta il più gentile possibile da stupire l'altro che non si aspetta questa accoglienza.

Prova a immaginare un bambino che per metterti alla prova a volte ti sfida, e lo fa per misurarti e tu, almeno a me succedeva così e a volte succede ancora, senti un fastidio e come prima reazione alzi la voce, ti irriti, ti senti colpito. Ecco, è proprio in quel momento che riconosci la possibile risposta. Ti fermi e decidi di attendere con un sorriso. Rimani in silenzio e avviene la magia, tutto dentro te si mette all'opera per fare un ragionamento che possa raggiungere l'altro e fare sentire che sei con lui con tutto l'amore possibile, la gentilezza e la possibilità di trovare anche insieme a lui una risposta utile da permettere di sentirvi entrambi degli alleati che collaborano per raggiungere la soluzione più idonea a quella situazione.

Chiaro che parlando del bambino lui si impegnerà con tutte le sue capacità possibili e tu genitore, adulto, ti impegnerai a produrre ciò che è raggiungibile per te e per lui. Naturalmente questo poi si potrà traslare velocemente, come dico sempre, in tutti gli ambiti della vita e con tutti gli incontri quotidiani che si fanno.

La bellezza di tutto questo risiede nel fatto che tu puoi metterti nella possibilità chiunque esso sia di incontrarlo, perché avrai già sperimentato, e quando ti metti nella condizione di incontrare l'altro e non scontrarti, avverti che l'altro come te vuole l'incontro ma non ha gli strumenti e quindi non sa come fare. Non conoscendo, fa ciò che può con le capacità che ha in quel momento.

Se noi entriamo in quel luogo di noi stessi dove regna la bellezza, l'amore dell'incontro ecco che resistiamo a quel momento di possibile reazione, sentiamo che l'altro non ci colpisce più e soprattutto impariamo proprio in quell'istante ad ascoltare cosa accade in noi e cosa accade all'altro, sentendo con maggiore chiarezza cosa succede dentro e fuori da noi permettendoci così di mollare ciò che non serve ed entrare in quello spazio dove c'è il tesoro, ovvero tutte quelle risposte utili che si svelano davanti a noi dandoci la possibilità di interagire e di non reagire.

Aggiungo a tutto questo che poi tra il dire e il fare c'è di mezzo il mare. Infatti non nego le difficoltà, non nego l'impegno, la perseveranza, quanto debbano essere in continua presenza per ricordarci il perché resistere alla frustrazione e arrendersi alla bellezza, all'amore che ti restituisce di gran lunga i risultati per te stesso e per l'altro, in questo caso bambino che si vede nella possibilità di riuscire.

Inoltre quando viene fatto un buon lavoro in casa, nella famiglia dove risiede il tutto, perché ripeto per il bambino tu sei il massimo, quindi tutto ciò che lui è, o diventa, per l'80% è il frutto della famiglia. Anche nell'approccio esterno grazie a questo sano lavoro svolto in casa diventa tutto più semplice e i benefici arrivano anche per chi incontra tuo figlio oltre che per se stesso e per la famiglia.

Già, perché si sente una struttura del ragazzo forte, si sentono il carattere, le emozioni, la parte cognitiva tendente verso l'orientamento, la disciplina e la voglia di essere parte, ricordi?

Partecipare, a questo insieme che fuori dalla famiglia ha e abbiamo come persone e genitori la gioia di incontrare e poter condividere. Contribuire per fare sì che tutti possano godere di questa meravigliosa bellezza che è l'amore.

Ora mi è anche più chiaro perché scrivere, perché noi come specie apice di questa vita abbiamo tutte le caratteristiche per fare accadere le cose che vogliamo. Dobbiamo e soprattutto possiamo impegnarci ad essere davvero migliori di come siamo, per noi stessi e per l'altro, per passare così il bellissimo testimone ai nostri figli, ai nostri nipoti ecc. dichiarando con fermezza che è possibile manifestare se stessi al mondo come vogliamo essere, rispondendo a quella domanda che costantemente il mondo e la vita ci pongono; cercando di trovare quella risposta utile, gentile e significativa per fare diventare il mondo intorno a noi e oltre ciò che conosciamo, il posto più bello che possa esistere.

Penso di essere riuscita a dettagliare il più possibile con chi abbiamo a che fare, con noi stessi esseri meravigliosi capaci di diventare migliori perché desiderosi di offrire il meglio di me a me stesso e all'altro. Dentro di noi ci sono tutti i potenziali che organizzati ed educati possono restituirci nuove capacità e straordinari risultati in grado di portare maggiore benessere a noi e a quell'insieme che come noi fa parte di questa meravigliosa vita.

Questo tipo di educazione di noi stessi, come già anticipato, può essere utilizzato in tutti i campi della nostra vita. Un altro esempio riguarda i giovani in cerca di un lavoro, dove a partire dal ragazzo sino ad arrivare all'adulto si vede con chiarezza la grande difficoltà che si ha oggi nell'approcciarsi durante la ricerca di un lavoro, soprattutto la sensazione che si ha e sarai d'accordo con me su questo punto che mancano i riferimenti di come cercare, quali sono i punti essenziali durante un colloquio, e ancora come il giovane oggi non abbia chiaro che cosa vuole fare davvero.

Ciò che si va a fare in teoria dovrebbe essere qualcosa che duri nel tempo, ma ancora di più che ci si possa appassionare per ciò che si fa e non solo perché è da fare e mi devo semplicemente mantenere. Il concetto appunto è: che devi saperti mantenere. L'obiettivo o la passione per ciò che vuoi fare arriva al secondo posto. Cosa si può fare in questa situazione? Soprattutto ci siamo accorti che oggi la società è improntata solo ed esclusivamente sulla vita di mantenimento? Che non c'è uno stimolo a ricercare cosa è importante e cosa appassiona?

Con questo non voglio assolutamente dire che la nostra vita dipenda da ciò che ci viene proposto o meno dalla nostra società, desidero solo dire quanto è importante impegnarsi per ricercare ciò che si vuole davvero fare per realizzarsi, cercando, come dicevo all'inizio del libro, un orientamento dentro se stessi da permetterci di entrare in profondità e intimamente, nonostante le grandi difficoltà presenti e molto evidenti, di ritrovare in noi stessi ciò che ci appassiona, ci fa innamorare e ci fa sentire parte di questo meraviglioso progetto che è la vita.

Sicuramente tu che mi stai leggendo in realtà sei già al posto giusto e stai già facendo qualcosa che ti appassiona. Solo desidero condividere con te i cinque passi che ci permettono se non a te direttamente magari a qualcun altro, figlio, nipote, figli e nipoti di amici o qualcuno che frequenti nella collettività e sai che ha necessità di realizzarsi e non sa come fare, portando le mie esperienze dove mi sono trovata più volte a sbattere la faccia, per trovare la mia dimensione, permetterebbe di sostenere qualcuno che in questo momento ha perso l'orientamento, il binario, e anche la voglia di realizzarsi.

Ti sei accorto che manca il grande perché bisognerebbe contribuire, che è diventato "lo faccio perché è da fare e comunque in qualche modo devo pur sapermi mantenere". Sì, il dialogo del giovane, dell'adulto intorno ai 40 anni oggi è diventato questo: "devo pure fare qualcosa quindi mi accontento". Oppure anche una mamma che è obbligata a lavorare ha paura della perdita e quindi non fa figli. Ci vuole orientamento per decidere cosa voglio davvero e guarire dalla paura.

Ecco adesso andiamo a vedere i cinque passi per passare da "mi accontento a "io posso farlo perché voglio farlo".

- Primo passo parte da una domanda: "Cosa è davvero importante per me?"
- Secondo passo - quando ho individuato sinceramente cosa è davvero importante per me -mi chiedo: "Quali strumenti posso utilizzare per realizzare il mio sogno che poi è ciò che mi appassiona?"

- Terzo passo, una volta risposto alle due domande precedenti creo un piano d'azione che mi permetta di eseguirlo e a questo punto passo dopo passo vedo che comincia a manifestarsi il risultato grazie alle azioni compiute con determinazione e costanza. Ancora prima ho visto com'è potuto accadere.

- Quarto passo, comincio dopo i primi tre passi a compiere azioni significative per raggiungere l'obiettivo come ad esempio avere chiaro in me, grazie all'aver visto prima il disegno dall'inizio alla fine, come avverrà il cosa voglio fare, il come affrontare un colloquio e infine il sapere già che otterrò il risultato voluto, cioè andrà a concludersi come io desidero. Questo mi permetterà di raggiungere in modo più veloce ciò che voglio davvero.

- Quinto passo, celebro per i risultati raggiunti e soprattutto osservo intorno a me tutte le persone che riescono a godere di questo risultato beneficiando anche loro dello stesso.

In questi primi cinque passi stiamo andando a vedere come cominciare un passo alla volta ad approcciarci alla possibilità di incontrare noi stessi sentendo cosa più spesso ci raccontiamo e quanto davvero desideriamo raggiungere l'obiettivo da noi desiderato. Il vero segreto per avere successo consiste nella tua capacità di perseverare, infatti c'è una cit. di Leonardo da Vinci che dice: *"raggiunge l'obiettivo chi persevera non chi comincia"*.

Già, hai osservato quante cose cominciamo e non portiamo a termine? O se le portiamo a termine quasi certamente è dipeso da "sono obbligato". Ad esempio, nel percorso scolastico, quanti ti hanno sostenuto mettendoti nella possibilità di raggiungere gli obiettivi che tu davvero volevi? O la frase tipica era "fai questo e avrai quello". Ecco dove risiede la difficoltà perché in tutti questi anni si è creata in te un'aspettativa, quindi se l'altro ti da esattamente ciò che tu ti aspetti allora tu fai ciò che si aspetta l'altro, altrimenti nulla, piuttosto rinunci.

Questa è una tipica reazione, ti sei mai trovato in questa condizione? Noi dobbiamo assolutamente e velocemente liberarci da questa idea perché purtroppo nessuno farà per te ciò che tu ti aspetti e ti dico il perché. La motivazione è molto semplice, perché la vita non è il risultato di uno scambio che gira intorno all'aspettativa, ma è il risultato di un fare piccolo o grande che sia incondizionato. Esatto ho detto un'altra parola magica incondizionato.

Se tu fai le cose senza aspettarti demeriti e meriti, quindi resti neutro a qualsiasi risposta che ricevi, sentirai subito che la vita metterà a disposizione tutto ciò che ha da offrirti e lo farà in abbondanza perché si riconosce in te, che sei qui per contribuire e portare il dono che è il tuo vivere condividendo con l'altro. Questo tipo di atteggiamento ti aprirà immediatamente le porte alla possibilità di godere con l'altro il contributo ovvero "io sono qui per me", ancora meglio "io sono qui per te", ancora più profondo e significativo "io sono qui per noi".

Ecco che questo non attaccamento e bisogno di dire "io faccio questo e tu mi dai quello" si smaterializza e la realtà sarà per te "io faccio" perché "so che posso farlo" soprattutto "so come posso contribuire senza aspettativa", se riconosciuta come dono "può darmi di più di ciò che ho da offrire".

Questa è la più grande restituzione, la vita è in grado di restituirti molto, bisogna coglierne i segnali. Come si fa a cogliere i segnali? L'attenzione, l'osservazione, l'ascolto che porti a te stesso e a quello che è intorno a Te. Questo è un passaggio importante che abbiamo visto più volte.

Quando entro dentro me stessa e riesco a portare la mia attenzione a un livello più alto, tutto cambia, si trasforma e la prima cosa che accade è vedere dentro me stessa quando qualcosa non funziona che dipende proprio da quel linguaggio interno che mi impedisce di raggiungere ciò che voglio, e quindi cosa posso fare? Trasformarlo, migliorarlo perché rendendo il nostro dialogo interiore un luogo di miglioramento e possibilità, ecco che anche il mondo fuori con cui vivo, la mia collettività, la mia famiglia gli affetti, migliorano.

Infatti ciò che si manifesta dentro diventa un riflesso meraviglioso fuori da me; questo diventa per noi un grande riferimento per il cambiamento che vogliamo e bramiamo. Nel tempo poi ci si accorge come questo meraviglioso lavoro fatto su di noi produca benefici per noi e per chi è vicino a noi e inoltre ci fa vedere subito e velocemente che tutto questo lavoro di grande trasformazione può essere traslato in tutti i campi della nostra vita, donando il frutto desiderato e aprendo il cuore alla passione cogliendo la bellezza di avere semplificato la nostra vita perché migliorandoci, abbiamo la possibilità di condividere il miglioramento.

Quando dico semplificare, non intendo che non ci saranno difficoltà, tutt'altro. Ci saranno soprattutto all'inizio del lavoro grandi difficoltà che, se colte, trasformate in possibilità, quindi dirsi "ok cara difficoltà ti ho riconosciuta e per questo so di poter incontrarti di conseguenza risolverti", ti porta a fermarti un attimo e davanti a te si presenta una strada aperta dove risiede spazio per produrre il risultato da te voluto.

Vediamo insieme un altro campo l'amore. Un campo sensibile e delicato dove è possibile decidere di incontrarlo, non sfuggirlo e grazie alla passione che ci metti per trovare una soluzione diventa per te un campo di possibile miglioramento, sentendo subito che un miglioramento è già avvenuto. Il tuo essere lì per migliorare quell'aspetto porta già miglioramento nella tua vita. Sì, perché l'essere lì vuole dire operare per quello, quindi tutto in te si adopera in quel momento, orientandosi verso la soluzione, utilizzando tutte le risorse possibili e riconosciute per andare verso ciò che desideri veramente.

L'amore, ti sei accorto che ne parliamo spesso come un'immagine possibile da attuare ma nel momento in cui metti in pista un'azione utile che dal tuo punto di vista ritieni tale, ecco che le risposte che sopraggiungono vanno in un'altra direzione? Hai la sensazione per questo di non essere capito? Sembra che l'altro non colga la tua visione quando se ci si dà la possibilità di accoglierla potrebbe anche funzionare.

Sai perché accade tutto questo? Nella mia esperienza personale la motivazione è la comunicazione, quello che sento molto vicino è che non raggiungo l'altro, perché troppo spesso mi ritrovo a voler spiegare il mio punto di vista e sento che è l'unico corretto per me.

Poi tu mi puoi dire che non è così perché accogli anche l'altro, ma ti posso garantire che se osserviamo bene la nostra vita nel quotidiano ti accorgerai, se vuoi accogliere questo pensiero che è spunto di riflessione, come a tutti i costi desideriamo passare il nostro punto di vista, perché sentiamo nel nostro cuore di voler partecipare portando il nostro contributo a un insieme che potrebbe condividere con noi lo stesso punto di vista.

Ti sei mai visto così? Vedi l'obiettivo è sicuramente buono e pieno di coraggio, unica cosa che per poter raggiungere ciò che io voglio davvero, quello che sto imparando a fare, perché lo sappiamo, lo abbiamo detto più volte: la vita è un costante allenamento al miglioramento, è ascoltare cosa l'altro, chiunque esso sia, ha da dirmi. Elaborare la richiesta fatta per entrare in contatto con una risposta adeguata e fare sì che l'altro possa sentire, percepire, che questa azione procurerà maggiore beneficio e quindi desiderare con tutto il cuore di partecipare al progetto, che a questo punto riconosciuto come benessere per l'insieme, lo porta a raggiungere anche gli obiettivi che sono importanti per lui.

Qui, caro lettore, mi viene da sottolineare quanto è importante mettersi nella condizione come detto precedentemente, di trovare una nostra posizione interiore che ci dia la chiara visione di chi sono oggi, e cosa voglio oggi costruire per vedermi domani capace di manifestare la persona che desidero divenire. Quando sento davvero dentro che l'unico obiettivo è incontrare l'altro per condividere con lui l'amore, la gioia, la bellezza, la meraviglia ecco che questo passaggio diverrà per me l'unico centrale da compiere, perché consapevole che poi con l'altro ci sarà un'alleanza, una forza che ci sosterrà a compiere tutte quelle azioni utili al raggiungimento dell'obiettivo iniziale.

Mentre scrivo ti sembrerà che alcuni concetti siano ripetitivi ma devo dirti la verità, questo è voluto perché sto imparando che ripetere in realtà non è un difetto, anzi, è un'ulteriore possibilità per ognuno di noi di comprendere meglio quel concetto, quella pratica, quell'allenamento per raggiungere l'obiettivo.

Infatti, il concetto del ripetere, ce l'hanno fatto passare come qualcosa di negativo, quando invece ripetere prevede la perseveranza, ossia il dover restare lì nonostante tutto, nonostante le fatiche, le pressioni, la demotivazione. Perché dico restare lì? Perché è l'unica possibilità che ti permette davvero di migliorarti e diventare ciò che vuoi! Quante volte ci siamo trovati a compiere azioni che non ci hanno portato dove volevamo? Perché ci troviamo da un'altra parte? Perché non sei giunto dove avresti voluto?

Perché ci ritroviamo a perdere la rotta? Perché diciamo faccio questo e mi ritrovo a fare altro? Perché vorremmo tanto dare un senso ai nostri giorni e forse ce l'hanno anche, e invece ci ritroviamo ad avvertire un senso di vuoto nonostante ce la mettiamo tutta? Perché non raggiungo ciò che desidero? Ti ritrovi in queste domande? Senti che sono domande importanti e hanno l'obbligo e il dovere di avere una risposta?

Dico questo perché tutte le volte che incontro queste domande quando me le pongo, entro con maggiore profondità, e intimità con me stessa che davanti a me si presenta la possibilità di ristrutturare quel momento ripartendo da ciò che sono, senza giudicarmi o fustigarmi, in questo modo la nuova visione di ciò che potrebbe essere Annalisa appare dinnanzi a me, portando miglioramento nella mia vita.

Dopo questo dettaglio dei 5 passi, condividiamo insieme come ricercare una vita felice per trovare equilibrio nelle relazioni e in tutti gli ambiti della vita che vivi quotidianamente. Un'altra parola chiave a questa domanda che abbiamo già visto è equilibrio; come posso portare equilibrio nella mia vita? Il dosaggio delle energie è una delle risposte utili che giungono a questa domanda.

Immagino alcune risposte per ciò che riguarda le donne potrebbero dirmi: sì ma lavoro, poi torno a casa, i figli, le pulizie." Gli uomini invece potrebbero dirmi: "sono stanco il mio lavoro è impegnativo, richiede tanta attenzione lavorando in ufficio, sono programmatore e via dicendo, poi arrivo a casa e anche io che sono papà ho i bimbi, sono solo, vorrei incontrarmi con gli amici, ho lo sport" e avanti così.

Beh posso dire che quando parlo di dosaggio delle energie intendo che ciò che fai in quel momento ad esempio al lavoro, lo puoi dosare, cominciando a rimanere con il proposito che ti sei dato in quella giornata. Mi permetto di dire questo perché possiamo notare subito come è facile distrarsi spostando l'energia da un'altra parte e magari non è prioritario perdendo quello che era l'obiettivo. Ti è mai successo?

Ecco se io invece resto lì e provo a fare esperienza mi accorgo a fine giornata di avere dosato le mie energie con orientamento e ritrovare le stesse senza sentirmi scarico quando incontro mia moglie, mio marito, mio figlio. Questo atteggiamento applicato in ogni occasione del mio quotidiano dove mi viene richiesto di rimanere lì, produce dei risultati incredibili da potermi scoprire capace di gestire più situazioni e momenti più o meno importanti della mia giornata.

Cosa richiede questa capacità? Innanzitutto richiede attenzione, faccio un esempio, sto facendo un lavoro importante che deve essere consegnato entro sera arriva il mio collega e mi dice: "vieni con me facciamo una pausa". Io decido che per rimanere con l'obiettivo e con il collega, con il quale ho il desiderio di stare con lui, che quella pausa non durerà più di 10 minuti dove fino l'altro giorno durava 15- 20 di minuti. Perché dico questo? Perché è importante nell'idea di dosare energia, raggiungere quegli obiettivi micro e fondamentali che mi permettono di stare anche con il resto.

Soprattutto nonostante il lavoro importante non tolgo la possibilità di stare con il collega, piuttosto aggiungo, dosando i tempi di dedizione, nel caso del lavoro e nel caso della pausa caffè, con il collega. Tutto questo costa impegno, sacrificio e un livello d'attenzione profondo, ma posso assicurare che quando programmo la mia giornata in modo da orientare le mie energie senza dispersioni tutto cambia. Mi dà forza, non mi sento privata da qualcosa e i risultati della mia vita migliorano almeno del 30% in più, ecco che qui ci ricolleghiamo all'economia.

Quindi, quando parlo di economizzare non intendo solo come da abitudine alla capacità di guadagnare soldi e imparare a risparmiare, anche se spesso diamo il significato di economia rivolto al denaro. In questo caso per economia intendo, come detto prima, sviluppare quelle capacità che mi permettono di distribuire le mie energie, quindi energie economiche, nella stessa percentuale su tutti i campi della mia vita.

Abbiamo visto prima quali sono i campi ovvero dell'amore, della famiglia, della collettività, dell'amicizia, del lavoro, delle finanze, dello spirito e del fisico. Prova ad immaginare che bello vedersi capaci di essere in tutti questi campi in grado di distribuire equamente la tua presenza, intesa come "io ci sono" anche se non proprio fisicamente, in modo da non togliere a nessuno e da non aggiungere troppo da altre parti, a meno che in quel momento non ci sia un campo che richieda un'attenzione maggiore e una priorità e se così fosse, dipende solo da quel momento, perché si va a concludere l'obiettivo o il progetto che è in corsa e quindi richiama per un tempo breve la tua attenzione.

Condivido con te un altro esempio nella relazione di coppia dove, scopro che mio marito o mia moglie mi chiedono più attenzione perché nel mio ascolto sento che c'è una carenza nella relazione, ecco che mi attivo per lui/lei e lavoro per andare a colmare quella carenza, mi fermo dal resto e questo lo faccio senza togliere totalmente la mia attenzione da ciò che stavo facendo, per vedere immediatamente che risolvendo quell'attimo con mia moglie o mio marito, anche il resto non degenera, piuttosto si rigenera perché ho colto velocemente e con maggiore chiarezza quanto è importante restare lì dove richiede la mia attenzione dando la giusta priorità a quel momento.

Questo passaggio è delicato e importante perché tutte le volte che ho potuto sperimentare grazie all'attenzione, all'ascolto, e all'osservazione e captare dove era bene e utile essere in quel momento mettendomi nella condizione di esserci, ho percepito (soprattutto sentito), la bellezza della rigenerazione, fortificazione della mia energia (quindi utilizzo corretto della stessa) dandomi in restituzione il miglioramento e la capacità del mio utilizzo.

Parlando della mia famiglia allargata, aggiungo che questo modo di agire ha permesso una splendida relazione anche con i figli del mio compagno, con la madre dei ragazzi e non per ultimi i nostri animali, tutti adottati in varie situazioni: due cani e tre gatti.

Questo ha permesso di avere una relazione fraterna nonostante con i miei figli ci fosse una età distante, almeno di 16 anni tra la più grande e la più piccola. La relazione tra me e i figli del mio compagno è libera proprio perché da subito sono entrati in sintonia con questa modalità. Quindi inclusione non esclusione, abbondanza, ricchezza e non povertà. L'incontro con l'altro porta come già ripetuto, maggiore creatività.

Per quanto riguarda gli animali e la loro educazione abbiamo adottato le stesse modalità partendo dall'ascolto, quindi attenzione, maggiore sensibilità dell'animale stesso verso il prossimo. Uno dei cani è un pitbull oggi di due anni che rispetta il cane anziano prendendosene cura e ha imparato a rispettare anche i tre gatti e i loro spazi. Se si pensa al pitbull cosa viene in mente? Considerando anche che convive con tre bambini e due adulti? Posso confermare che la bellezza di questo metodo funziona sempre ovunque e con tutte le meravigliose creature di questo meraviglioso pianeta. Il mio invito è come sempre osare nello sperimentare per verificare e raggiungere i risultati voluti.

Ormai siamo giunti alla fine, questa è stata per me una bellissima avventura perché ho potuto condividere con te quella che è stata la mia esperienza a partire da bambina sino ad arrivare oggi. Ciò che ho imparato e continuo a imparare è che ogni giorno della vita diventa per me un momento di stupore e meraviglia, mi scopro sempre all'insegna di imparare da ciò che mi viene amorevolmente offerto dalla stessa, a partire dalle persone che già conosco, da quelle nuove che arrivano ogni giorno e da quelle che verranno. La scoperta di queste relazioni è quanto imparo da questi incontri, quanto posso dare di me stessa con una restituzione di questa ricchezza più alta di quella che do.

Concludo dicendoti che l'unica vera ricchezza per raggiungere qualsiasi obiettivo personale è la partecipazione con l'altro perché con l'altro costruisci più velocemente ciò che serve per raggiungere il tuo obiettivo, che poi diventa comune grazie alla sinergia dell'insieme, portando come risultato il raggiungimento dello stesso.

RIEPILOGO DEL CAPITOLO 5:

- SEGRETO n. 1: la narrazione è la base per migliorare se stessi.

- SEGRETO n. 2: la mia relazione con l'altro è manifestazione di bellezza, perché mi faccio trovare pronto ad accogliere l'incontro, chiedendomi quale frutto (vantaggio) possa portare a me e a lui.

- SEGRETO n. 3: per potermi relazionare con l'altro in totale libertà è necessario incontrare se stessi, per diventare liberi da ciò che ci imprigiona, creare il nuovo me e presentarlo all'altro con totale libertà.

- SEGRETO n. 4: la nuova narrazione parte dall'avere scoperto che è giunto il momento di *discreare* ciò che non serve, e creare ciò che è utile.

- SEGRETO n. 5: tu sei l'artefice della tua vita nessuno può fare al posto tuo.

Conclusione

Siamo giunti alla conclusione ma prima di lasciarti vorrei vedere insieme a te i punti fondamentali di questa lettura, dove abbiamo incontrato la narrazione, il dialogo con se stessi e con l'altro scoprendo che ciò che ti racconti è ciò che fa davvero la differenza nella tua vita. Infatti, il linguaggio proattivo e costruttivo è l'inizio del nostro cambiamento per produrre risultati da noi voluti.

Insieme abbiamo visto la mia storia, dove ti racconto di quella bambina felice nonostante la situazione difficile, che non si è mai arresa e ha sempre combattuto per dimostrare a se stessa che è possibile fare anche in un altro modo. Abbiamo scoperto e imparato che il modo nuovo ci dà la possibilità di accogliere le sfide della vita, perché ci mette nella condizione di migliorarci, mettendo in atto tutti gli strumenti a nostra conoscenza per superare le sfide imparando dalle stesse.

I bambini, in questo, hanno davvero grande capacità in quanto regna già in loro questo talento. Abbiamo anche visto che se non nutrito, il talento il bambino mentre cresce perde quella capacità innata rischiando di cadere in quella trappola che è "il non dirsi bene le cose" il genitore per lui è il modello vincente a cui il bambino aspira a divenire.

Abbiamo incontrato la possibilità di poter terminare una relazione nella pace, incontrando la separazione (marito - moglie) e darne il giusto significato cercando di costruire una nuova relazione trasformando il ruolo. Questo ci ha portato a constatare che ancora una volta esiste un nuovo modo per fare le cose, di conseguenza si valorizza la nuova posizione grazie alla dichiarazione e si riesce a fare vivere anche ai propri figli la separazione come cambiamento di posizione e verità, perché abbiamo insieme capito che la verità ci rende liberi portando maggiori consapevolezze nella nuova posizione.

Abbiamo anche scoperto l'osservazione, che ci fornisce la possibilità di incontrare l'attenzione, l'ascolto e da lì parte la nuova risposta che possiamo scegliere tra le tante quando ci fermiamo un attimo di fronte alla domanda, perché non reagiamo con la domanda ma interagiamo con la stessa. Inoltre aggiungo che abbiamo anche visto l'importanza "del mai più così" inteso come smetto di portare avanti una situazione che non voglio più vivere. Questo accade anche grazie ai quattro punti che abbiamo visto più volte.

Riepilogando i quattro punti:
- fermati/attenzione;
- guardati/osservazione;
- silenzio/ascolto;
- applicazione/azione.

Abbiamo incontrato anche l'importanza dei modelli condividendoti l'esperienza con il mentore, grazie a questa esperienza anche con altri incontri di persone straordinarie abbiamo visto cosa possono fare i modelli per noi, cioè cercano continuamente e trovano soluzioni alle difficoltà che incontrano come il limite e diventano per noi ispirazione perché vediamo che è possibile andare oltre.

Questi punti che abbiamo visto attentamente nel corso dei capitoli ci ricordano quanto è importante attuarli per avere la vita che desideriamo. Non dimenticandoci il grande perché del nostro cambiamento e quali risultati produrrà per avvicinarci a ciò che siamo destinati ad essere, cioè manifestare la persona che voglio divenire, contribuendo a rendere questo luogo meraviglioso che ci ospita "la vita" e "la terra". E infine siamo anche entrati in contatto con quella parte migliore di noi che se nutrita può donare capacità a se stessa, e al mondo che incontra quotidianamente.

Tengo a dire un'altra cosa importante che è da ricordare, tutto questo può accadere grazie al fare, che è l'inizio del cammino per giungere in quel luogo dove risiede la luce che attende di essere accesa per sprigionare il massimo della nostra bellezza, amorevolezza e capacità, che attrarrà il mondo intorno a te diventando a loro volta segnali di luce.

Concludo con questa citazione che sento molto vicina a me, da avermi ispirato a scrivere questo libro partendo dalla mia storia per dare il mio personale contributo al mondo.

Una gran quantità di talento viene sprecata nel mondo

Per mancanza di un po' di coraggio.

Ogni giorno manda nei loro cimiteri uomini sconosciuti

cui timidezza ha impedito loro di compiere il primo

sforzo. Il punto è, che per fare qualsiasi cosa al mondo

che valga la pena di fare, non dobbiamo ritrarci tremanti

e pensando al freddo e al pericolo, ma tuffarci ed attraversare

la mischia al meglio che possiamo.

Sydney Smith

***

Se ti è piaciuto questo libro e hai piacere ad entrare in contatto con me puoi trovarmi qui:

<u>annalisa.grassi@educazionecreativaconsapevole.it</u>

Ringraziamenti

In particolare:

sono grata a mia mamma Mariangela, mio papà Antonio e mio padre adottivo Graziano che mi hanno dato la grande occasione di entrare in questo meraviglioso viaggio che è la VITA. Vi voglio bene. GRAZIE

Sono grata ai miei fratelli Pietro e Antonio che sono sempre presenti e danno forza al mio cammino. Mi auguro di cuore di potervi sostenere con lo stesso Amore. GRAZIE

Sono grata a tutte le persone che durante il mio percorso adolescenziale mi sono state vicine, in particolare a Virginia che ancora oggi mi nutre e sostiene; sono grata ai miei educatori Claudio, Barbara, Giuseppe, Gianluca, Loredana che hanno nutrito con tanto Amore la mia crescita presentandomi al meglio il significato di famiglia. GRAZIE.

Sono grata a tutte quelle persone meravigliose, amici che mi hanno sostenuto con stima, fiducia e continuano a sostenermi; mi auguro di cuore di poter Nutrire con la stessa Forza, la stessa Stima e la stessa Fiducia. GRAZIE.

Sono profondamente grata a Carmine che è stato un meraviglioso compagno per la mia vita, padre dei nostri bambini e che ancora oggi mi sostiene nella loro crescita e realizzazione. Ti voglio bene. GRAZIE.

Sono infinitamente grata ai miei figli Gaia, Samuele e Angelica che con il loro Amore mi sollecitano a migliorarmi ogni giorno. Come mamma desidero nutrire il loro cammino con Forza, Coraggio e Determinazione. Vi Amo. GRAZIE.

Sono grata ai figli di Mosè, Arianna e Riccardo che entrati nella mia vita hanno portato gioia, bellezza e luce perché vivono ogni giorno con Entusiasmo e Amore il loro cammino. Vi voglio bene. GRAZIE.

Sono infinitamente grata a Mosè compagno meraviglioso di Vita che con la sua presenza mi completa e mi sostiene nella realizzazione dei nostri sogni, supportandomi con la famiglia e nella stesura di questo libro. Ti Amo. GRAZIE.

Sono grata ai modelli sino ad ora incontrati che con i loro insegnamenti mi hanno mostrato nuovi punti di vista permettendomi di essere ciò che sono oggi, valorizzando le mie intuizioni di bambina, ragazza, donna e madre. Mi auguro di cuore di poter fare DONO di questi valori con tanto Amore. GRAZIE.

Annalisa

Principali
Suggerimenti Bibliografici

- G.I. Gurdjieff: *"Vedute sul mondo reale"* Neri Pozza, Vicenza 2000.

- P.D. Ouspensky: *"Frammenti di un insegnamento sconosciuto"* Astrolabio, Roma 1976.

- P.D. Ouspensky: *"La quarta via"* Casa Editrice Astrolabio 1972. Ubaldini Editore Milano.

- Socrate: *"La disciplina della libertà"* Edizioni 3P Assisi 2009.

- Krishnamurti: *"La rivoluzione interiore"* Arnoldo Mondadori Editore S.P.A Milano 2009

- Krishnamurti: *"Meditazione sul vivere"* Il silenzio della mente, 2005 Arnoldo Mondadori Editore S.P.A Milano.

- Krishnamurti: *"Liberarsi dai condizionamenti"* 2006 Arnoldo Mondadori Editore S.P.A Milano.

- Rudolf Steiner: *"Parla dei grandi maestri"* 2019 Editore Cerchio della luna.

- Rudolf Steiner: *"Vita spirituale del presente ed educazione"* Antroposofica Editrice Milano 2008.

- G. Rizzolati, C. Sinigaglia: *"So quel che fai"* 2006 Raffaello Cortina Editore.

- Maurice Nicolle *"Commentari Psicologici"*, Volume 1, 2016 Eifis Editore S.R.L Cervia (Ra)

-Maurice Nicolle *"Commentari Psicologici"* Volume 2, 2018 Eifis Editore S.R.L. Cervia (Ra)

- Maria Montessori: *"Il segreto dell'infanzia"* 1999 Garzanti Libri S.P.A Milano

- Maria Montessori: *"La speciale saggezza dei genitori"* 2017 Garzanti Libri S.P.A Milano.

- Maria Montessori: *"La scuola è libertà"* 2016 Garzanti Libri S.P.A Milano.

- Glenn Doman: *"Come moltiplicare l'intelligenza del vostro bambino"* 2003 Armando Editore S.R.L Roma.

- Glenn Doman: *"Come insegnare al vostro bambino ad essere fisicamente splendido"* 1992 Armando Editore S.R.L Roma.

- Frederick Leboyer *"SHANTALA, L'arte del massaggio indiano per far crescere i bambini felici"* 1994 RCS Libri S.P.A. Milano.

- Valerio Sanfo *"Counseling Naturopatico"* 2009 Associazione A.E.ME.TRA.

- Valerio Sanfo *"Platone, il padre della medicina preventiva"*, 2017 Associazione A.E.ME.TRA.

- Valerio Sanfo *"Pensiero Creativo e Autoguarigione"*, 2018 Associazione A.E.ME.TRA.

www.ingramcontent.com/pod-product-compliance
Lightning Source LLC
LaVergne TN
LVHW020322200726

843507LV00012B/2202